미국 탐정론

이상원 · 이승철 저

도서출판 진 영 사

미국 탐정론

이상원 · 이승철

2018년 10월 13일 초판인쇄
2018년 10월 15일 초판발행
발행인 박 진 영
발행처 도서출판 진영사
인천광역시 부평구 갈산동 185번지 풍진빌딩 303호
전화 : 032)505-4207
팩스 : 032)505-4206
E-mail : 0183734207@hanmail.net
등록 : 122-91-77317

ISBN 978-89-6541-395-0 93350
값 10,000원

서　　문

한국은 OECD국가 중 유일하게 탐정제도가 없는 국가이다. 탐정제도는 복잡 다양한 사회적환경(증가되는 범죄발생, 형사사법체제의 미비, 소송중심의 사회 구조로 인한 등) 및 국민의 삶의 질을 위한 안전서비스 제공이라는 측면에서 탐정제도의 도입은 필요하다. 탐정이 도입된 각국의 경우 탐정은 국민생활에 유익한 서비스를 제공하고 있다. 민간영역인 기업의 측면에서는 기업보안을 위하여 또는 새로운 CEO를 임명하고자 하는 경우 배경조사로 활용하는 경우가 많다. 특히, 기업보안의 경우는 은밀한 부분이 있어 공적인 형사사법시스템에 의존하는 것은 어렵다. 뿐만 아니라 새로운 전문경영인을 선임에 있어서도 기업의 평판 및 미래가 좌우될 수 있기 때문에 이에 대한 배경조사는 필요하다.

공적인 측면에서 실종자 찾기 등은 원래 공적인 영역이지만 이를 수행하기에는 급증하는 범죄를 예방하고 해결하는 우선순위에서 뒤로 미루어져 해결되지 않는 경우가 많다. 이러한 현상에서 실종자의 가족들은 공적인 영역에서만 의존할 수 없다. 따라서 이러한 다양한 분야에서의 안전서비스를 제공할 수 있는 탐정제도의 도입은 필요하다. 본 필자들은 이러한 점에서 탐정제도에 대해 발전된 미국의 탐정제도를 소개하고자 이 책을 발간하고자 한다. 미국은 핑커톤이 최초의 탐정회사를 설립한지 165년 이상의 오랜역사를 지니고 오면서 많은 시행착오를 거치는 동안 오늘날의 탐정제도를 정착시켰다. 현재 미국의 형사사법시스템과 사회·문화적 환경은 한국의 실정과 다르지만 미국의 탐정제도는 한국의 탐정제도 도입에 시사하는 점이 많다. 특히 오랜역사를 통한 탐정의 직업으로서의 전문성, 윤리성, 자세 등은 한국에서 탐정이 되기를 희망하는 사람에게는 어떻게 준비해야 하는 지를 현재 탐정과 같은 분야에 종사하고 있는 사람들에게는 탐정업무에 대한 보다 전문적인 지식을 제공하고자 하였다.

2018년 11월

이 상 원 · 이 승 철

목 차

〈표 목차〉

Ⅰ. 탐정일반

1. 탐정의 역사

1883년 스웨덴의 군인이자 범죄인이며 민영화 운동가인 외젠 프랑수아 비도크는 세계적으로 유명한 개인 탐정 사무소인 “Le Bureau des Renseignements Universels pour le commerce et l'Industrie”(The Office of Universal Information For Commerce and Industry)을 설립했다. 그는 처음으로 신발에 대한 인상을 새겨 넣은 석고모형을 만들었으며 그의 인체측정학은 여전히 프랑스 경찰에 의해 부분적으로 사용되고 있다. 비도크 이후, 탐정산업은 초기 탐정들이 하던 것의 대부분은 고객들이 경찰이 장비가 갖춰져 있지 않거나 하려고 하지 않는다고 느끼는 문제에 대해 경찰을 대신하여 해결하는 것이었다. 그러나 새로운 탐정산업의 더 큰 역할은 노동분쟁에 처한 기업들을 돕는 것이었다. 일부 초기 사설탐정들은 무장경호원들에게 사설군대의 역할을 제공했다. 영국에서, Charles Frederick Field은 1852년 런던경찰청을 그만두면서 조사사무소를 설립했다.

1862년 그의 직원 중 한 명인 헝가리 이그나티우스 폴라키는 그를 떠나 경쟁관계에 있는 회사를 만들었다.

미국에서 앨런핑커튼은 1850년에 사설탐정 사무소인 핑커튼 탐정사무소를 설립했다. 핑커튼은 1861년 당시 아브라함 링컨대통령 당선자를 암살하려는 음모를 파악하여 저지함으로서 유명해 졌다. 핑커튼의 요원들은 비밀수사와 범죄수사에서부터 대인보호와 무장보안에 이르기까지 다양한 서비스를 수행했다. 19세기 말 미국의 노조불안이 지속되는 동안, 회사들은 자주 핑커튼의 공작원과 무장경비원을 고용했다(https://en.wikipedia.org/wiki/Private_investigator#cite_note-1 2018.8.17.최종검색).

핑커튼은 탐정사무소(Pinkerton National Detective Agency)을 설립하였는데, 이 사무소는 1850년에 미국에 설립되어 현재 Securitas AB의 자회사 인 사설 경호업체이자 조사기관이다. 핑커튼은 남북전쟁 당시 개인보안을 위해 핑커튼요원을 고용한 대통령 당선인 에이브러햄 링컨을 암살음모를 저지했다고 주장하면서 유명해졌다. 핑커튼의 회사는 경비에서 사설군사계약업무에 이르는 다양한 서비스를 수행했다. 19세기 후반과 20세기 초반 노동파업기간 동안 사업가들은 노조에 침투하고 경비원을 공급하며 파업노동자와 의심되는 노조원을 공장에서 지키고 노동자를 위협하기 위해 바번대원을 모집하기 위해 핑커튼회사를 고용했다. 핑커튼은 또한 일리노이, 미시간, 뉴욕, 펜실베니아 및 웨스트 버지니아에 있는 석탄, 철 및 목재 분쟁에 있는 감시자뿐만 아니라 1877년의 중대한 철도타격 및 블레어 산 전투(1921년)에 이용되었다(https://www.pinkerton.com/our-services/Investigative-Interviewing-and-Interrogation).

2. 탐정의 정의

탐정을 사전에서는 "형사사건에 대한 수사 또는 실종자 수색과 같은 수사적인 면허를 가진 사람으로 경찰이 아닌 사람"으로 정의하고 있으며(marrian webster), "사람들에 대한 정보를 발견하는 직업을 가진 사람 그러나 경찰은 아닌 사람"으로 정의하고 있다(cambridge dictionary). 미국 노동통계국(Bureau of Labour Statistics)의 직업소개에서는 사설탐정을 "개인 또는 조직에 관한 정보를 수집, 분석, 수집 및 보고하거나 개인시설에서의 불법행위 또는 규칙위반을 탐지"하는 직업으로 정의하고 있다.

3. 탐정의 역할 및 경력[1]

1) 탐정의 역할

숙련된 탐정은 여러 산업에서 요구된다. 사립탐정[2]의 기술과 전문성은 다음과 같은 많은 영역에서 업무를 수행한다.

- **컴퓨터 법의학 서비스**
- **개인보호 서비스**
- **비밀수사**
- **공급 업체, 공급 업체 및 직원검열 프로그램**
- **위기개입 서비스**
- **소매손실 및 예방**
- **형사조사 서비스**
- **폴리그래프 서비스**
- **실종자 서비스**
- **취업 사전 검증**
- **개인조사**

Private Investigator 는 선교사를 찾거나, 배경조사를 수행하거나, 조사서비스를 수행하거나, 결혼조사를 수행하는데

1) https://privateinvestigatoredu.org/what-is-a-private-investigator/ 2018.4.19.최종검색

2) 이하 PI로 표시.

자신의 경력을 집중시킬 수 있다. PI는 범죄수사 중 법집행 공무원과 함께 일하거나 보석금채권자 또는 현상금사냥꾼과 함께 일할 수 있다. 그들은 또한 보험사기를 밝히거나 잃어버린 아이들을 찾는 것을 전문으로 한다. PI는 보다 일반적인 능력으로 업무를 수행하여 고객에게 다양한 조사서비스를 제공 할 수 있다. 그들이 일하는 지역이나 산업에 관계없이 PI는 일반적으로 주법에 규정된 엄격한 기준을 따르고 있다. 많은 PI는 주정부 전문조사관협회 회원이며, 조례나 윤리강령에 따라 업무를 수행해야 한다(https://privateinvestigatoredu.org/what-is-a-private-investigator/2018.4.19.최종검색).

또한 PI는 법원에서 사용될 수 있도록 증거를 적절하게 수집하고 문서화해야 한다. PI는 법적, 재정적, 개인적 문제에 대한 정보를 검색한다. 그들은 사람들의 배경과 진술을 확인하고 실종자를 찾고 컴퓨터범죄를 조사하는 등의 많은 서비스를 제공한다. PI는 개인, 변호사 및 기업을 위해 많은 서비스를 제공한다. 예를 들어, 배경조사를 수행하고, 회사에서 도용 가능성이 있는지 직원을 조사하고, 이혼사건에서 불신을 입증하거나 확인하고, 실종자 찾는 것을 돕는다(https://www.bls.gov/ooh/protective-service/private-detectives-and-investigators.htm 2018년 4월 13일).

PI는 일반적으로 다음과 같은 구체적인 업무를 수행한다.

- **사람들을 인터뷰하여 정보 수집**
- **단서를 밝히기 위해 온라인, 공개 및 법원기록 검색**
- **감시**
- **고객을 위한 증거수집**
- **시민판결 및 범죄기록 확인**

(1) 일반조사

- 실종사례
- 자녀양육권 또는 이혼에 관한 증거
- 결혼불건전 사례
- 기업을 위한 채무추심

이외에도 실종자 조사, 수거작업에 이르기까지, PI는 수사에 대한 접근방식을 적절하게 적응하고 유연하게 접근해야 한다. 이들은 이혼사건에 대한 감시작업을 수행하기 위해 차가운 차에 밤새도록 앉아서 양육권 증거를 수집하거나 쓰레기통을 조사하는 것 등에서 광범위한 책임과 사례를 갖는다. PI기업은 일반적인 조사기관을 운영하고 다양한 전문분야의 전문지식을 갖춘 탐정을 고용하는 것이 일반적이다.

(2) 정부조사(공인탐정)

미국의 많은 PI들이 배경, 사기 및 재정적인 조사를 실시하는 정부의 일을 하고 있다. 더욱이 정부가 비 법집행 조사 작업을 많이 필요로 한다는 사실이다. 이것은 대개 세 가지 범주로 나뉜다.

- **사기 및 재정적 조사 –** 사기 당하기가 쉬운 많은 정부프로그램, 특히 세금 및 사회 서비스가 있으며 조사관은 시스템남용을 확인하기 위해 기록을 지속적으로 조사하고 있다.
- **배경조사 –** 경찰이나 소방관과 같은 다른 공무원도 채용조건으로 의무적인 배경조사를 실시하는 경우가 많다.
- **법적조사 –** 형사사건을 준비하는 데 도움을 주는 지방검사 사무소에서 일을 하거나 또는 유언, 검인사건이나 기타 분쟁의 사실을 입증하기 위해 법원시스템을 위해 직접 일을 한다.

(3) 법률조사

법률조사관(탐정)은 변호사가 변호사의 사실을 조사하고 변호사 의뢰인에게 이익이 될 수 있는 증거를 밝히는 데 도움이 되는 증인을 찾고 인터뷰함으로써 소송사건을 준비하는 것을 지원한다.

법률조사관은 민사 또는 형사에 관계없이 어떤 종류의 사건에도 종사 할 수 있으며, 조사 할만한 증거의 유형과 수집방법을 이해하기 위해 조사업무의 전문성 외에 법률에 대한 확실한 이해가 필요하다. 법정에서의 인정을 받는 법률조사관(탐정)은 법집행관의 경력이 있거나 변호사 또는 법률보조원으로 훈련을 받는다. 그들은 경찰절차와 형사사법제도의 과정에 대한 지식과 이해가 업무수행에 도움이 된다. 법률조사관들(탐정)은 종종 형사사건에서 일자리를 찾는데, 이는 주정부보다는 피고인 측에서 일종의 조사서비스로 작용한다. 그들은 경찰이 하지 않은 증인을 찾고 인터뷰하거나 사건의 다른 물리적 증거 또는 증빙서류를 밝힐 수 있다. 다른 이들은 검찰을 위해 일하며 동일한 유형의 업무를 수행하지만 경찰수사를 확대하고 피고가 유죄임을 증명할 수 있는 증거를 찾는다.

(4) 기업/금융사기 조사

투자자 또는 대기업은 기업조사관(탐정)을 고용하여 다른 사업체 또는 해당사업체의 직원을 조사한다. 그들의 주요 임무는 다음과 같다.

- **합병 또는 인수를 진행하기 전 회사의 연혁과 재무실적을 조사하기 위해 실사를 수행**
- **회사의 관심과 투자를 조사**
- **신입사원에 대한 배경조사 수행**
- **사기, 횡령 또는 도용으로 의심되는 직원의 재정, 컴퓨터, 전화 등의 기록검토**

기업조사는 주로 회계조사이며, 이는 많은 기업조사관(탐정)이 CPA이거나 적어도 기업회계의 배경에서 나온다는 것을 의미한다. 기업조사관(탐정)은 많은 시간을 보내고 숫자를 살피는 것이다. 사기조사과정에서 다른 출처의 회사기록을 신중하게 비교하는 것이 범죄의 주된 증거가 될 수 있다. 기업조사관(탐정)은 또한 그러한 기록에 대한 잠재적 침해가능성을 판단하기 위해 신중하게 조사하고 때로는 기록자체를 넘어 잠재적 취약성에 대한 기록관리시스템을 분석하고 개인직원이 사기죄로 저지른 동기를 살펴본다. 금융전문가는 기업이 주요 인수를 병합하거나 주요 인수를 계획할 때도 필요하다. 투자자는 이러한 거래에서 제공되는 재무정보의 실사를 요구한다. 잘못된 데이터가 격리되지 않으면 수백만 달러 또는 수십억 달러가 위험에 빠질 수 있다. 예를 들어, Hewlett Packard가 데이터 분석 소프트웨어회사인 Autonomy를 구입했을 때, 그들은 변화된 손익계산서, 대차대조표 및 현금분석흐름을 발견하지 못했다. HP는 이번 계약과 주주총회를 통해 50억 달러의 소송으로 상당한 손실을 입었다.

(5) 보험사기 사건

보험회사와 정부기관(주로 노동자 보상프로그램)에는 사기의 징후에 대한 클레임조사를 위해 PI가 있다. 미국은 보험사기로 인한 손실에 대한 추정치가 연간 80 ~ 1,000억 달러에 이르기 때문에 의심스러운 청구를 확인하고 보험조사관(탐정)이 이를 수행한다.

개인상해 또는 재산청구에 종사하든 현장에서 많은 감시가 요구되는 역할이다. 보험조사관(탐정)은 직장에서, 자신의 집에서 그리고 도시 곳곳에서 신체적장애가 주장된 것처럼 심각하지 않다는 증거를 찾는 사람들을 관찰한다. 재산사건의 경우, 그들은 방화범과 같이 신고자가 재산 자체를 손상시켰는지 여부를 밝히려고 노력 할 수 있다. 또한 그들은 증인과 사고를 인터뷰하고, 실수를 확정하는 데 도움을 줄 것을 요청받을 수 있다. 그들의 일은 청구기록을 검토하고 증인을 인터뷰하는데 세심한 조사작업이 필요할 수 있다.

(6) 컴퓨터 과학조사

점차적으로 비폭력범죄는 컴퓨터범죄가 되고 있다. 사기, 신분도용, 일상적으로 조사하는 PI의 거의 모든 유형의 사건은 컴퓨터기록을 검토하여 노출 될 수 있는 무언가를 찾는데 있다. 배경검사 중에 페이스북 프로필을 보거나 해킹된 하드드라이브에 대한 세부적인 분석을 통해 해킹사례를 파헤치는 것을 의미하든 간에 기술전문가는 특수도구를 사용하여 조사증거를 찾아 보관하는 최신트릭을 최신상태로 유지한다. 컴퓨터조사관(탐정)은 전통적인 법집행보다 몇 가지 큰 장점이 있다. 즉, 대기업이 해킹 당했을 때 먼저 의뢰를 받는 경우가 많다.

- **그들의 전문기술지식은 종종 지역의 법집행기관 또는 심지어 연방기관의 컴퓨터 범죄사건에 활용될 가능성이 크다.**
- **세계 곳곳에서 사업을 해킹하기가 쉬운 이 세상에서 PI의 관할구역 경계를 존중할 필요가 없다는 사실은 그들이 어디에서든지 사건의뢰를 많이 받을 수 있다는 것을 의미한다.**

범죄해커를 잡는 가장 일반적인 사례는 주로 전자적 탐색경로를 따라가는 개인조사가 있다. 세계에서 가장 유명한 해커 인 케빈 미트닉 (FBI)도 정보시스템 침입의 흔적을 발견한 사설보안연구원의 도움을 받아 추적 및 체포되었다. 로그를 추적하고 트랩을 설정하는 IT보안전문가는 다른 시스템 소유자와 함께 Mitnick을 고정시키고 사례를 FBI에 플래터로 전달할 수 있는 충분한 증거를 수집한다.

(7) 민간/국내 조사

휴지통 조회, 감시작업 및 인터뷰는 이 조사 작업에서 많이 나타난다. 분쟁의 민감한 성격으로 인해 결혼조사관(탐정)은 자신을 신원을 밝히는 사람은 거의 없지만 오래된 지인 또는 새 친구로 가장하여 자신의 감시대상이나 다른 친구 및 가족과 가까워지려고 시도 할 수 있다. 국내 사례를 조사 할 때 팀으로 일하거나 지역경찰과 긴밀한 접촉을 유지하는 것은 드문 일이 아니다.

(8) 실종자 사건

실종된 사람들의 경우 거의 대부분의 가족들은 괴로워한다. 경찰은 대부분의 실종자 보고서에 우선순위를 두지 않는 경향이 있기 때문에 PI는 종종 발견되기를 원하지 않는 사랑하는 사람을 찾아달라는 의뢰를 받는다. 그들은 사안의 상황에 따라 법집행당국 대신 또는 정부당국과 협력 할 수 있다. 많은 실종자의 경우 우선순위가 낮은 이유는 종종 그 사람이 의도적으로 실종되었다는 것이다. 이 분야의 PI는 재무기록을 조사하고 사람들이 사라질 가능성이 있는 장소를 식별하기 위해 생활스타일 및 소셜미디어 증거를 분석하는 전문가이다.

2) 탐정의 경력

주정부 면허요건은 아니지만 많은 PI회사는 직원들이 형사사법 또는 이와 유사한 프로그램에서의 학사학위를 요구한다. 또한 많은 PI들이 법집행이나 형사사법분야의 다른 분야에서 일하기 때문에 일반적으로 일종의 공식교육이나 훈련을 받는다. 예를 들어 은퇴한 경찰관, 군인이 PI로 경력을 쌓는 것이 일반적이다.

PI는 일반적으로 법집행기관, 군대 또는 연방정보기관에서 이전 근무경험이 있어야 한다. 20~25년의 근무기간 후에 은퇴 할 수 있는 일자리를 가진 사람들은 두 번째 경력에서 PI이나 사설조사관이 될 수 있다. 다른 PI는 이전에 청구서 및 계정수집가, 청구조정자, 보조원 또는 프로세스 서버로 근무했을 수 있다. 일부 PI는 사설보안, 도망자 회복 또는 형사사법과 같은 특정영역에서 경력을 쌓을 수 있다. 미국조사관협회(United Association of Professional Investigators)는 다음을 포함하여 사설탐정을 위한 많은 전문분야를 인정한다(https://www.bls.gov/ooh/protective-service/private-detectives-and-investigators.htm 2018년 4월 13일).

- **민간조사**
- **범죄수사**
- **조사 비즈니스 관리**
- **범죄학 및 행동 과학**
- **테러와 정보**
- **조사법과 윤리**
- **특별피해자 / 아동학대 / 양로원**
- **보안**
- **컴퓨터 법의학 / 인터넷**
- **보험조사**

4. 탐정의 연봉

다른 많은 전문직과 마찬가지로 탐정의 연봉도 여러 요인에 따라 다르다. 2017년 5월 기준으로 고용추정 및 연봉 추정을 살펴보면 다음과 같다.[3)]

〈표 1〉 탐정업에 대한 고용 추정 및 평균 연봉 추정 (2017.5 기준)

최근 조사에 따르면, 미국의 탐정산업에서는 30,980명이 고용되어서 활동하고 있고 이들의 시간당 수입은 26.48 달러이며 연간평균수입은 55,080달러인 것으로 나타났다.

고용인수	시간당 수입	연간수입
30,980명	26.48$	55,080$

3) UNITED STATES DEPARTMENT OF LABOR (Bureau of Labor Statistics)
Bureau of Labor Statistics, U.S. Department of Labor, Occupational Outlook Handbook,
Private Detectives and Investigators, on the Internet at (https://www.bls.gov/ooh/protective-service/private-detectives-and-investigators.htm(visited April 13, 2018).

〈표 2〉 탐정업에 대한 최근 임금평가

탐정업에 대한 임금평가를 살펴보면, 하위 10%의 탐정들은 시간당 수입이 13,84달러이고 연간 수입은 28,780 달러로 나타났다. 중간 50%에 해당하는 탐정들의 시간당 수입은 32,89 달러이고 이들의 연간수입은 50,700 달러로 나타났다. 상위 10%에 해당하는 탐정들의 시간당 수입은 41,70달러이고 이들의 연간수입은 86,730 달러로 나타났다.

수입	10(하위%)	25	50(중간)	75	90(상위)
시간당수입($)	13.84	17.98	24.38	32.89	41.70
연간수입($)	28,780	37,390	50,700	68,400	86,730

〈표 3〉 탐정업에서 가장 높은 고용수준을 가진 산업

이 직업에 대해 가장 높은 고용과 임금을 제공하는 산업이다.

탐정업에서 가장 높은 고용수준을 가진 산업을 살펴보면 조사 및 안전 서비스 분야의 연간수입은 52,280 달러, 일반상점에서 활동하는 탐정수입은 46,380 달러, 회사 및 기업관리분야에서 활동하는 탐정의 연간수입은 51,470 달러, 학교 및 병원을 제외한 지방정부에서 활동하는 탐정의 연간수입은 59,940 달러, 신용중개 및 관련직종은 52,970 달러인 것으로 나타났다.

산업	고용수 (명)	산업고용 (%)	시간당 수입	연간수입 ($)
조사 및 안전서비스	13,150	1.44	25.14	52,280
일반상점	3,200	0.10	22.30	46,380
회사 및 기업관리	2,100	0.09	24.74	51,470
지방정부포함 (학교 및 병원제외)	1,830	0.03	28.82	59,940
신용중개 및 관련직종	1,810	0.09	25.47	52,970

〈표 4〉 탐정업에 대한 최고대우 산업

탐정업에 대한 대우가 좋은 산업으로 전력생산, 송전 및 배전분야에서 활동하는 탐정의 연간수입은 86,460 달러, 컴퓨터시스템 설계 및 관련서비스에서 활동하는 탐정의 연간수입은 79,160 달러, 정기항공운송분야의 탐정의 연간수입은 70,350 달러, 과학연구개발서비스분야에서 활동하는 탐정의 연간수입은 69,710 달러, 통신분야에서 활동하는 탐정의 연간수입은 68,190달러인 것으로 나타났다.

산업	고용수 (명)	산업고용 (%)	시간당 수입	연간수입 ($)
전력생산, 송전 및 배전	50	0.01	41.71	86,460
컴퓨터시스템설계 및 관련서비스	750	0.04	38.06	79,160
정기항공운송	40	0.01	33.82	70,350
과학연구개발서비스	40	0.01	33.51	69,710
통신	190	0.02	32.78	68,190

〈표 5〉 탐정업에 대한 최고대우 주

탐정에 대한 대우가 좋은 주로 콜롬비아특별구(77,000달러), 캘리포니아주(67,300달러), 뉴저지주(67,130달러), 워싱턴주(63,990달러)로 나타났다.

주	고용수(명)	시간당 수입($)	연간수입($)
콜롬비아특별구	170	37.02	77,000
캘리포니아	4,240	32.35	67,300
뉴저지	710	32.27	67,130
워싱턴	380	30.77	63,990

〈표 6〉 탐정업에 대한 대도시 지역 수입

탐정업에 대한 대도시 지역의 수입을 살펴보면 시애틀시가 200여명의 탐정들이 활동하고 있고 이들의 연간수입은 81,520 달러, 로스엔젤레스시에는 550명의 탐정이 활동하고 있고 이들의 연간수입은 78,960달러, 오클랜드시에는 160명의 탐정들이 활동하고 있으며 이들의 연간수입은 78,360달러, 뉴왁시에는 50명의 탐정들이 활동하고 있고 이들의 연간수입은 75,630달러, 워싱턴D.C에는 2,180명의 탐정들이 있고 이들의 연간수입은 70,400달러, 디트로이트시에는 50명의 탐정들이 활동하고 있고, 이들의 연간수입은 69,430달러인 것으로 나타났다.

도시	고용수(명)	시간당 수입($)	연간수입($)
시애틀	200	39.19	81,520
로스앤젤래스	550	37.96	78,960
오클랜드	160	36.67	78,360
뉴왁	50	36.36	75,630
와싱턴DC	2,180	33.85	70,400
디트로이트	50	33.38	69,430

〈표 7〉 탐정업에 대한 비대도시 지역 수입

탐정업에 대한 비대도시 지역의 수입으로 사우스조지아주의 경우 고용된 탐정수는 40명으로 이들의 시간당 수입은 24,83달러이고 연간수입은 51,640달러로 나타나 있다.

주	고용수(명)	시간당 수입($)	연간수입($)
사우스조지아	40	24.83	51,640

BLS 통계와 마찬가지로 최근 채용정보에 따르면 전문적인 기회는 매우 광범위하고 수익잠재력은 매우 크다.[4)]

- 콜로라도 스프링스에서 콜로라도 주 보험사기 전문조사기관을 통한 PI의 직무는 1년 미만의 경력 이 요구되는 PI회사와 1년에 3만 5천 달러에서 45,000달러 사이의 급여 범위를 가진 취업 알선기관과 5주간의 교육 기간, 충분한 의료 혜택, 퇴직 계획 등이 포함된다.
- 플로리다 주 농무부는 연봉이 46,381달러인 조사관리자에게 취업알선을 했다. 이 직업의 최소 요구사항에는 공인된 대학 또는 대학교의 학사학위와 법집행경험이 15년 포함 되어 있다.

4) https://privateinvestigatoredu.org/what-is-a-private-investigator /2018.4.19.최종검색

- 오하이오 주 신시내티의 한 조사회사는 계약직 위치에 있는 PI의 면허를 가진 탐정을 시간당 25달러, 풀타임 기준으로 연간 48,000달러에 채용하였다.
- 루이지애나 주 라파예트(Lafayette)의 탐정기관은 풀타임 PI에게 25,000-45,000달러 사이의 급여를 제시하고 채용하였다.
- 펜실베이니아 주 소재 필라델피아의 조사기관은 29,000 - 38,000달러 사이 인 취업목록을 가지고 있으며 1년의 경력과 대학학위가 선호된다.

〈표 8〉 미국 주 간 사립탐정연봉 (2012)

미국의 각 주정부의 사립탐정연봉은 다음과 같이 나타나 있다.

지역	탐정수	시간당 수입	평균연봉	상위10% 연봉
알라바마	240	28.04	45,300	109,530
알래스카	110	30.68	62,610	79,660
캘리포니아	2,910	28.35	47,890	92,340
콜로라도	320	32.32	40,880	89,130
커네티컷	620	20.00	36,530	70,420
플로리다	2,160	21.14	41,200	65,550
조지아	570	21.42	40,580	70,480
일리노이	1,050	19.50	35,780	66,960
인디애나	290	21.16	42,980	60,670
캔사스	110	22.15	40,540	76,120

메릴랜드	1,270	20.05	39,050	63,590
매사추세츠	550	25.42	47,770	72,110
미시간	210	22.82	43,010	75,840
미네소타	150	23.94	42,360	76,560
미시시피	270	16.74	23,910	67,220
미주리	610	22.94	38,340	79,310
네브라스카	320	30.03	65,550	79,310
네바다	200	25.30	49,570	73,770
뉴햄프셔	190	21.79	44,170	59,860
뉴저지	290	27.97	54,370	90,980
뉴멕시코	130	22.60	47,010	68,310
뉴욕	3,220	25.21	52,500	70,750
노스캐롤라이나	520	28.86	50,710	107,380
오하이오	340	22.15	42,030	73,850
오리건	230	18.79	36,010	59,840
펜실베니아	2,070	22.89	41,550	76,110
사우스캐롤라이나	160	22.60	49,920	68,670
사우스타코타	160	16.21	27,840	59,340
테네시	190	27.59	52,990	87,970
유타	200	19.97	34,070	73,030
버지니아	620	30.19	57,460	100,530
워싱턴	310	33.90	67,900	118,490
위시콘	180	19.33	36,090	65,380

⁂ 와이오밍, 웨스트버지니아, 몬타나, 메인, 켄터키, 아칸사스 제외(탐정수를 제시하지 않음), **하와이, 델아우어, 콜롬비아특구, 아이오와, 루이지애나, 오클라호마 제외(100명 이하)**

PI와 사설수사관의 평균연봉은 2017년 5월을 기준으로 50,700달러였다. 중간임금은 직업에 종사하는 근로자의 절반이 그 이상을 벌었고 절반은 적게 벌었던 연봉이다. 가장 낮은 10%는 28,780달러 미만이었고, 가장 높은 10%는 86,730달러 이상을 받았다.[5)]

1) 교육/경험

PI는 날카로운 분석기술과 전문연구 및 감시기술을 포함하여 특정한 기술을 가지고 있어야 한다. 그러나 기술뿐만 아니라 전문가들은 종종 경험과 교육의 결합을 통해 달성되는 형사사법분야에 대한 확실한 이해를 가져야 한다. 형사사법 또는 관련분야의 경력 또는 학사학위는 법과 직업에 대한 중요한 지식을 PI에게 제공하며, 경험을 통해 기술을 연마하고 완벽하게 할 수 있는 시간을 제공한다. 따라서 대부분의 고용주는 교육 및 관련 직업경험을 모두 보유해야 하지만, 정규교육 및 관련 직무경험을 포괄적으로 보여주는 이력서를 통해 후보자에게 훨씬 높은 임금을 부여한다.

5) 2014년 미국근로자 평균 임금은 42,700달러이다(글로벌이코노믹, 2015-09-08 07:08 (최종수정 2015-09-08 07:59).

2) 전문화

많은 PI들은 일반적인 조사서비스를 제공하기를 선택하지만, 전문분야 중 하나에 자신의 경력을 집중하는 것과 마찬가지로 개인회사, 조사회사 및 개인고객은 다음과 같은 특정분야에 대한 전문지식을 갖춘 PI를 찾고 더 많은 비용을 지불한다.

- **범죄수사**
- **테러와 정보**
- **컴퓨터 법의학**
- **결혼조사**
- **양로원 학대조사**
- **보험조사**
- **사전고용/ 직원조사**

3) 전문협회 회원 또는 인증

PI들이 경쟁에서 벗어나 보다 높은 봉급을 요구하는 방법 중 하나는 전문협회에서 회원자격 및 인증을 받는 것이다. 많은 주에서는 사립탐정들에게 워크샵, 회의, 교육 및 교육행사, 네트워킹 행사와 같은 산업발전의 기회를 풍부하게 제공하는 전문회원 가입 단체가 있다. 따라서 이러한 직업협회의 회원들은 더 많은 직업 기회를 찾아 궁극적으로 더 높은 연봉을 얻는다. 전문자격증은 PI의 직업에 대한 그들의 헌신을 보여주고 고객이나 동료들로부터 인정을 받을 수 있는 또 다른 기회를 제공한다.

예를 들어, ASIS는 사설조사 전문가가 증거수집(evidence collection) 분야에서 자신의 지식과 경험을 증명할 수 있게 해주는 Professional Certified Investigator(PCI)를 제공한다.

PCI는 보고서작성 및 증언에 대해 검정한다. 응시자는 최소 5년의 조사경험을 보유해야 하며, 이 자격을 얻기 위해서는 최소 2년의 사례관리가 있어야한다. 또한 사례관리(29%), 조사기법 및 절차(50%) 및 사례발표(21%)와 같은 주제를 포함한 인증시험에 합격해야 한다.

5. 탐정산업[6)]

1) 산업전망

PI 및 사설수사관의 고용은 2016년에서 2026년까지 모든 직업의 평균[7)]보다 빠른 11% 성장할 것으로 예상된다. 계속

6) https://www.bls.gov/ooh/protective-service/private-detectives-and-investigators.htm 2018년 4월 13일

되는 소송, 사기 및 기타범죄, 개인 간의 불신은 특히 법률 서비스 산업에 의해 조사서비스에 대한 수요가 증가 할 것으로 예측된다.[8)]

2) 취업전망

PI는 수사관 경력으로 법집행기관과 군대에서 비교적 은퇴한 퇴직자를 포함한 많은 유자격자를 유치 할 수 있기 때문에 일자리 경쟁이 치열할 수 있다. 관련 직업경험이 있는 응시자와 면접기술이 뛰어나고 컴퓨터에 익숙한 응시자는 다른 사람들보다 일자리가 더 많을 수 있을 것이다. 2016년에서 2026년 사이의 탐정분야 고용전망을 살펴보면 2016년

---

7) 연 평균 7% 예상

8) 2021 년까지 5년 동안 업계는 계속 성장할 것으로 예상된다. 이는 산업 제품에 대한 수요가 지속적으로 유지 될 것이고 지속적인 수익성과 매출 성장이 새로운 참가자가 업계에 진입하도록 장려 할 것으로 기대되기 때문입니다. **Industry Statistics &Market Size 업계 통계 및 시장 규모 Revenue 수익** $6bn $ 60억 **Market Share of Companies 기업의 시장 점유율** 이 업계에서 지배적 인 시장 점유율을 가진 회사는 없다. 산업 위협 및 기회-• 기업 이익과 1 인당 가처분 소득 증가는 임의 서비스에 대한 지출 증가에 기여했다. • 사립 탐정이 되기 위한 장벽은 낮을 것으로 예상된다.
• 기업 및 법률 고객의 활동으로 다운 스트림 수요가 강화 되었다(**IbISWorld.**Industry Research / Specialized Reports / Consumer Goods &Services in the US / Private Detective Services in the US(2018.4.19.검색)

에 41,400명의 탐정이 고용되었지만 2026년에는 45,800명의 탐정이 고용될 것으로 보여서 4,400명의 탐정이 더 고용될 것으로 나타났다. (11%성장)

〈표 9〉 2016-2026년 탐정분야 고용전망

직업	soc code	2016 고용	2026 고용	2016-26변화	
				%	명
탐정과 수사관	33-9021	41,400	45,800	11	4,400

SOURCE: U.S. Bureau of Labor Statistics, Employment Projections program

자료 제공 : 미국 노동 통계국, 고용 전망 프로그램

3) 유사한 직업

아래 〈표 10〉은 PI 및 사설수사관의 직무와 유사한 직종 목록이다. 탐정분야의 직무와 유사한 9개 직종과 필요한 학력 및 연봉은 아래와 같다.

〈표 10〉 탐정과 유사한 직종

직업	내용	학력(임금)
회계사 및 감사관	회계사와 감사관은 재무기록을 준비하고 검사한다. 그들은 재무기록이 정확하고 세금이 적시에 적절하게 지불되도록 보장합니다. 회계사 및 감사관은 재무운영을 평가하고 조직이 효율적으로 운영되도록 보장한다.	학사학위 $ 69,350
청구서 및 계정 수집가	청구서 및 계정수집가는 연체된 청구서에 대한 지불을 복구하려고 한다. 그들은 채무자와 상환계획을 협상하고 연체된 법안을 쉽게 지불 할 수 있는 해결책을 찾도록 도와준다.	고등학교 졸업장 또는 이와 동등 $ 35,330
클레임 조정자, 감정인, 심사관 및 수사관	클레임 조정자, 감정인, 심사관 및 조사자는 보험청구를 평가합니다. 그들은 보험회사가 보험금 청구를 해야하는지 여부와 보험회사가 청구액을 지불해야하는지 여부를 결정한다.	$ 64,690
재무심사관	재무심사관은 금융기관 및 거래를 관할하는 법률 준수를 보장한다. 그들은 대차대조표를 검토하고, 대출의 위험수준을 평가하고, 은행관리를 평가한다.	학사학위 $ 81,690

직업	내용	학력(임금)
소방관 및 수사관	소방관은 화재위험을 감지하고 연방, 주 및 지방 화재규정을 준수하는지 확인하기 위해 건물을 검사한다. 이 분야의 다른 유형의 작업자인 화재 조사관은 화재 및 폭발의 원인과 원인을 결정한다. 산림검열관 및 예방전문가는 공공 및 주거 지역의 화재위험을 평가한다.	$ 56,670
법의학 과학 기술자	법의학 과학 기술자는 증거를 수집하고 분석함으로써 형사조사를 돕는다. 많은 기술자가 다양한 유형의 실험실 분석을 전문으로 한다.	학사학위 $ 57,850
법률보조원 및 법률 보조원	법률보조원 및 법률보조원은 파일유지관리 및 법률연구수행, 문서초안작성을 포함하여 변호사를 지원하기 위한 다양한 업무를 수행한다.	준회원학위 $ 50,410
경찰과 형사	경찰은 시민들의 생명과 재산을 보호한다. 대리인 또는 특수요원이라고 불리는 형사 및 수사관은 사실을 수집하고 가능한 범죄의 증거를 수집한다.	$ 62,960
보안 수사관 및 도박 감시원	경비원 및 도박감시원은 도둑질, 기물 파손 및 기타 불법 활동으로부터 재산을 감시하고 보호한다.	고등학교 졸업장 또는 이와 동등한 $ 26,960

Ⅱ. 법적 현황

1. 면허[9)]

1) 면허일반

(1) 모든 주에서 PI의 면허가 필요한가?

지금까지 5개 주에서만 탐정이 주 차원에서 면허를 취득할 필요가 없었다.

- **알래스카 주**
- **아이다호 주**
- **미시시피 주**
- **사우스다코타 주**
- **와이오밍 주**

그러나 이들 5개 주 중 2개주(와이오밍 및 알래스카) 지역은 면허 요구사항을 가지고 있다. 아이다 호, 미시시피 및

9) (https://privateinvestigatoredu.org/what-is-a-private-investigator/2018.4.19.최종검색)

사우스다코다 또는 지방수준의 PI를 위한 면허가 없는 주들은 모두 세칙 및 윤리강령, 규정 등 적극적인 전문협회를 운영한다. 사립탐정협회의 회원자격은 사적조사관행에 대한 명확한 기준을 제공한다.
또한, 주 면허 요건이 없음에도 불구하고 PI는 항상 해당 사업 법률의 적용을 받는다. 교육 및 경험 면허 요구사항은 주마다 다르다. 일반적인 교육 요구 사항은 형사사법 또는 관련 프로그램에서 준 학사학위 이상을 소유하는 것을 포함하지만 경험 요구사항은 경험을 필요한 분야를 포함하여 여러 가지 요인에 따라 다르다. 많은 주에서는 지원자가 최소한의 면허 부여 지침을 충족 할 수 있도록 교육을 경험으로 대체 할 수 있다. 오클라호마와 같은 일부 주에서는 CLEET 승인교육을 이수하면 경력이 없는 지원자도 면허를 취득 할 수 있다.

(2) 어떤 주정부 기관이나 부서가 PI를 허가 하는가?

탐정을 위한 면허는 다양한 주정부 기관이나 기관에 의해 감독된다. 예를 들어 애리조나 탐정면허는 애리조나 공안부의 면허부서에서 처리하고 캘리포니아의 탐정은 보안 및 조사 서비스국 (Bureau of Security and Investigative Services)을 통해 면허를 취득한다. 뉴햄프셔와 뉴저지를 포함한 다른 주에서는 테네시의 탐정 및 폴리그래프 위원회와

노스다코타의 탐정 및 보안 이사회와 같은 위원회를 통해 PI에게 면허를 제공하면서 주 경찰을 통해 PI를 규제하고 관리한다.

(3) PI의 면허신청절차는 어떻게 되는가?

대부분의 주에서는 탐정으로서 주정부 면허를 신청하는 절차가 비슷하다. 일반적으로 다음과 같은 내용이 포함된다.

① 최소 면허요건 충족
② 면허 취득을 위한 필수 교육/ 경험 달성
③ 배경 조사를 위한 완벽한 지문채취과정
④ 면허신청서를 작성하고 필요한 서류를 제공
⑤ 출국심사
⑥ 지속적인 교육 및 면허갱신을 통한 주정부 면허유지

그러나 펜실베이니아 주와 같은 일부 주에서는 면허를 취득하는 과정이 다르다. 법원에 날짜를 요청하고 면허를 신청하기 위해 거주지역의 법원서기에게 연락을 해야 한다.

(4) 면허에 대한 특별한 요구 사항이 있는가?

허가를 받은 모든 주에서 PI는 사기 또는 과실로 인한 재정적 책임으로부터 고객이나 고객을 보호하는 현재 유효한 보증금을 보유해야 한다. 특히 비계약품목을 위해 설계된 상업용 보증채권은 대부분 사설수사관으로 면허를 취득해야 한다. 보증채권을 얻는 것은 보증채권회사 또는 보증채권을 발행 할 수 있는 보험 대리인과 채권을 사전자격으로 부여하고 보상계약에 서명하는 것이다. 주정부 면허의 최소 보증금금액은 최소한 10,000달러의 보증채권을 보유 해야하는 등 주에 따라서 다양하다.

(5) 주정부 면허는 주 전체에서 유효한가?

PI는 다른 주에서 여행하고 다른 주에서 일을 할 수 있다. 많은 주에서는 PI는 PI 목적으로 주 경계를 넘을 수 있다. 그러나 PI에 대한 주정부 면허는 한 가지 예외를 제외하고는 다른 주에 양도 될 수 없다. 일부 주에서는 호혜 협약을 체결하여, PI가 별도의 허가 없이 주들 사이에서 사업을 수행 할 수 있게한다. 현재 다음 주들은 호혜주의 협약을 맺고 있다.

- **캘리포니아 주**
- **버지니아 주**
- **노스 캐롤라이나 주**
- **오클라호마 주**
- **플로리다 주**

- **테네시 주**
- **조지아 주**
- **루이지애나 주**

2) 면허시험

PI의 면허시험 요구사항 및 시험 준비자료에 대한 주별 현황을 살펴보면, 법집행기관에서 수년 간 수사한 범죄수사 경 험이나 PI교육프로그램에서 얻은 경험이 강조된다. 어느 쪽이든, 고객을 위해 일할 수 있다. 22개 주에서는 면허를 취득하기 위한 조건으로 시험에 합격해야 한다.

(1) 법학시험

가장 일반적인 유형의 평가는 응시자가 탐정업무와 관련하여 주법에 대해 이해를 확인하도록 제안된 주의 법학시험이다. 주정부가 당신에게 PI자격을 제공하기 전에 당신이 현지 법률을 잘 알고 있다는 것을 알고 있는지 확인이 필요하다.

- **관행과 관련된 해당 법률을 확실히 알고 있는 가를 확인.**
- **관련법을 이해함으로써 시민을 보호 할 수 있음.**
- **PI직업과 관련된 법률 및 법규를 찾는 방법을 이해하는 것을 돕기 위한 것.**

(2) PI 기술시험

일부 주에서는 업무를 유능하게 수행하는 여부를 평가하기 위해 만들어진 PI 기술시험도 요구한다. 기술시험에서 발생할 수 있는 질문은 다음과 같은 주요 내용을 다루고 있다.

- **적절한 식별**
- **보고서작성**
- **법원증언**
- **위증**
- **미행추적**
- **공개 정보수집 및 연구**

주 자격시험은 법률지식과 PI업무에 대한 적적성에 대한 최종테스트이다. 각 주의 요구사항은 다음과 같다.

○ 알라바마 주

시험필요 :

- 1시간제한
- 70%이상 통과해야 함
- 두 가지 범주로 나누어 진 50개의 질문

: 34개는 실질적인 PI지식, 16개 알라바마 법률 및 규칙

이 시험은 PSI시험으로 시행된다.

○ 알래스카 주

현재 알래스카 주는 PI 면허요구 사항이 없다.

○ 애리조나 주

애리조나 주는 PI 면허과정의 일부로 시험을 요구하지 않는다.

○ 아칸소 주

아칸소 주는 PI 면허과정의 일부로 시험을 요구하지 않는다.

○ 캘리포니아 주

시험필요 :

- 2시간제한
- 150개 질문은 다음 범주로 나눈다.

○ 정보 수집 – 22 %
○ 계획 – 19 %
○ 보고 – 18 %
○ 분석 – 15 %
○ Eics – 12 %
○ 시험 준비 – 10 %
○ 감시 – 4 %

이 시험은 PSI시험으로 시행된다.

○ 콜로라도 주

법학시험 필수 :

- 시간제한은 없지만 30일 이내에 시험을 완료해야 한다.
- 시험은 주정부가 후원하며 인터넷 연결을 통해 이루어진다.
- 합격점수는 75%이다.
- 다음 주제에 대해 총 45개의 질문이 있다.

○ 연습의 표준 - 42 %
○ 일반법률, 규칙 및 규정 - 27 %
○ 종합교과과정 및 절차 - 16 %
○ 징계처분 - 15 %

이 테스트는 ISO품질 테스트에 의해 관리된다.

○ 코네티컷 주

코네티컷 주는 PI 면허과정의 일부로 시험을 요구하지 않는다.

○ 델라웨어 주

델라웨어 주는 PI 면허과정의 일부로 시험을 요구하지 않는다.

○ 워싱턴 DC

컬럼비아 특별구는 PI 면허과정의 일부로 시험을 요구하지 않는다.

○ 플로리다 주

PI로 서비스를 수행하는 사람은 적어도 C클래스 PI자격을 취득해야 한다. 자격을 갖추려면 법학시험에 합격해야 한다.

- 엄격한 시간제한은 없지만 2시간 이내에 끝낼 수 있어야 한다.
- 귀하의 지식을 평가하는 질문 :
  - 플로리다의 사설탐정 핸드북
  - 플로리다 법령493장

시험은 플로리다 농업 및 소비자 서비스부서에서 관리한다. PI 자격신청서를 작성하여 이 시험을 신청한다.

○ 조지아 주

조지아 주는 PI 면허과정의 일부로 시험을 요구하지 않는다.

○ 하와이 주

시험필요 :

- 시험은 오아후 섬에서 한 달에 한 번 열린다.
- 합격점수는 75%이다.

- 시험의 내용은 두 가지 주요과목을 다루고 있는데, 하나는 사립탐정 기술 및 보안조사이고 다른 하나는 하와이에서 PI가 되는 것과 관련된 법률, 규정 및 규칙이다.

시험은 하와이 형사 및 감시단이 실시한다. 완전한 PI 자격신청서를 제출하면 시험승인통지를 받게 된다.

○ 아이다호 주

아이다호 주에는 PI 면허요구 사항이 없다.

○ 일리노이 주

시험필요 :

- 시간제한 90분
- 합격하려면 최소 70점의 점수를 받아야 한다.
- 총 75개의 문항이 주제들로 나누어져 있다
  - ○ 연방법 및 주법 - 23개 문항
  - ○ 정보 수집 - 16개 문항
  - ○ 면허 및 연습 요구 사항 - 12문항
  - ○ 사례 관리 - 12개 문항
  - ○ 분석, 발표 및 보고 - 12개 문항

시험은 Continental Testing Services(CTS)에서 관리하며 온라인으로 신청할 수 있다.

○ 인디애나 주

인디애나 주는 PI 면허과정의 일부로 시험을 요구하지 않는다.

○ 아이오와 주

아이오와 주는 PI 면허과정의 일부로 시험을 요구하지 않는다.

○ 캔자스 주

시험필요 :

- 총 20개의 질문 - 5개의 참/거짓, 5개의 빈칸 채우기 및 10개의 객관식
- 합격하기 위해서는 적어도 18개의 질문을 통과해야 한다.
- 이 시험은 다음의 정보를 포함한다.
  - Kansas Private Detective Licensing Act (캔사스 사설 탐정 면허법)
  - 캔자스행정규정 16장
  - 무기사용, S.A.11-6302 (d) (3)

시험은 면허를 위한 주의 PI 신청서에 포함되어 있다.

○ 켄터키 주

시험필요 :

- 이 시험은 다음 주제를 다룬다.
  - ○ KRS 제329A조 - 개인조사법
  - ○ 1974년 개인정보보호법
  - ○ 정보자유법
  - ○ 공정신용보고법
  - ○ 청구권
  - ○ 켄터키 형법
  - ○ 사설탐정위원회 - 윤리강령
  - ○ KRS 오픈레코드법
  - ○ 사립탐정기술

260의 스케일 된 점수는 통과한 것으로 간주된다. 켄터키 주 교육부(Kentucky Department of Professional Licensing)에서 이 시험에 등록 할 수 있다.

○ 루이지애나 주

시험필요 :

- 시험은 다음 과목을 포함한다.
  - ○ 사립탐정사업
  - ○ 일반연방 및 주 헌법원칙
  - ○ PI 책임에 영향을 줄 수 있는 관련 법원의 결정

- ○ 수색 및 압류법
- ○ 프라이버시법
- ○ 무기류를 포함한 무기법과 사용법

시험은 Louisiana State Board of Private Investigator Examiners(루이지애나 주 사설탐정시험위원회)에 의해 관리되고 규제된다. PI 자격신청서가 승인되면 시험등록 정보를 받게 된다.

○ 메인 주

메인 주 경찰청장이 관리하는 필기시험에 합격해야 한다. PI 자격신청이 승인되면 등록방법에 대한 정보를 받게 된다. 이 시험은 사적인 수사관 및 관련 법률에서 접하게 될 상황과 관련된 내용을 다루고 있다.

○ 메릴랜드 주

매릴랜드 주는 PI 면허과정의 일부로 시험을 요구하지 않는다.

○ 매사추세츠 주

매사추세츠 주는 PI 면허과정의 일부로 시험을 요구하지 않는다.

○ 미시간 주

미시간 주에서는 PI 면허과정의 일부로 시험을 요구하지 않는다.

○ 미네소타 주

미네소타 주는 PI 면허과정의 일부로 시험을 요구하지 않는다.

○ 미시시피 주

미시시피 주는 PI 면허요구 사항이 없다.

○ 미주리 주

2년 동안 관련 업무경험을 입증 할 수없는 경우, 미주리 주에서 PI가 되기 위해 시험에 합격해야 한다.

- 2시간제한
- 합격 점수는 70 %이상이다.
- 총 75문항 :
  - ○ 미주리 주 PI에 관한 규칙 및 규정 - 55 문항
  - ○ 일반연습 - 20개 문항

시험은 미주리 전문규정부에서 관리한다. PI 자격신청서가 승인되면 본부에서 시험학습안내서 및 등록양식을 보낸다.

○ 몬타나 주

시험필요 :

- 70%가 최소 합격 점수
- 시험은 다음에 대한 이해를 평가한다.

○ MCA Title 37, Chapters 1 and 60

○ ARM 24, 182장

PI 자격신청이 승인되면 몬타나개인위원회가 시험세부사항을 제공한다.

○ 네브래스카 주

시험필요 :

- 45분 제한시간
- 총 40개의 질문
- 합격하려면 최소 80%의 점수를 받아야 한다.

이 시험에 등록하려면 먼저 네브라스카 국무장관으로부터 PI 면허신청서를 요청해야 한다. PI 면허신청서가 승인되면 링컨의 주의사당 건물에서 매월 셋째 수요일에 열리는 시험응시정보를 받게 된다.

○ 네바다 주

시험필요 :

- 시험은 분기별로 4번 제공.

- 총 100문항
- 2시간제한
- 합격점은 75%이상
- 시험문제는 Nevada PI법률, 법률절차 및 PI기술에 관한 것이다.

PI면허신청이 승인되면 네바다의 사립탐정위원회(Private Investigators 'Licensing Board)에서 시험에 대한 정보를 보낸다.

○ 뉴햄프셔 주

뉴햄프셔는 PI 면허과정의 일부로 시험을 요구하지 않는다.

○ 뉴저지 주

뉴저지는 PI 면허과정의 일부로 시험을 요구하지 않는다.

○ 뉴멕시코 주

법학시험 필수 :

- 시간제한 없음. 시험을 인쇄하고 집으로 가져감
- 총 23개의 질문
- 시험주제는 다음과 같다.

○ PI 법 및 규정
○ PI 자격
○ PI 절차

○ 뉴욕 주

시험필요 :

- 150분 제한시간
- 합격점은 70%이상.
- 시험문제는 다음 주제를 다룬다.
  - ◦ PI 자격법률
  - ◦ 보고서작성
  - ◦ 형사 및 형사소송법
  - ◦ 조사기법
  - ◦ 감독 및 제한
  - ◦ 서면자료의 이해

이 시험은 주 전역의 시험센터에서 워크인(walk-in) 방식으로 등록한다.

○ 노스캐롤라이나 주

노스캐롤라이나 주는 PI 면허과정의 일부로 시험을 요구하지 않는다.

○ 노스다코타 주

시험필요 :

- 총 150문항
- 시험은 다음의 내용을 포함한다.

○ 기술 및 절차 PI

PI에 관한 ○North Dakota 법령

PI에 관한 ○North Dakota 규칙

시험은 개별적으로 진행되고 실시된다.

○ 오하이오 주

시험필요 :

- 총 55문항
- 80%가 최소 합격점수이다.
- 이 시험은 PI에 관련된 규칙과 법을 다룬다.

당신이 일하려고 하는 회사가 오하이오 공안부에 직원등록 신청서를 제출하면, 부서에서 시험일정을 잡는다. 모든 시험은 콜럼버스에서 열린다.

○ 오클라호마 주

관련 PI경험이나 훈련이 없다면 오클라호마 주에서 면허 PI가 되기 위해 시험에 합격해야 한다.

- 시험은 컴퓨터 기반
- 오클라호마 주 전역의 44개 테스트 지점에서 이용 가능
- 시험은 오클라호마에서 PI가 되는 것과 관련된 법률 및 규정을 다루고 있다.

주 전역의 모든 진로기술센터에서 시험을 예약 할 수 있

다. PI 면허 신청서를 작성하면 시험등록 및 교육에 대한 정보를 받는다.

○ 오리건 주

PI숙련도 시험 필요 :

- 총 50문항
- 합격점수는 최소한 43개 이다.
- 시험은 Salem의 Oregon Public Safety Academy(오리건공안아카데미)에서 1 년에 수 차례 제공된다.
- 시험내용은 PI 자격 및 법적절차를 다룬다.

PI 면허신청을 등록하고 오리건 주로부터 정보를 받을 수 있다.

○ 펜실베니아 주

펜실베니아 주 수준에서는 시험이 필요하지 않다. 카운티 수준에서 시험이 필요할 수도 있다.

○ 로드아일랜드 주

로드아일랜드의 주 수준에서는 시험이 필요하지 않다. 카운티 수준에서 시험이 필요할 수도 있다.

○ 사우스캐롤라이나 주

사우스캐롤라이나 주는 PI 면허과정의 일부로 시험을 요구하지 않는다.

○ 사우스다코타 주

사우스다코타에는 PI 면허요구 사항이 없다.

○ 테네시 주

시험필요 :

- 120분 제한시간
- 70%가 최소 합격점수
- 100문항 시험문제
  - ○ 테네시 규칙 및 법률 - 60 문항
  - ○ 실무지식 - 40 문항

시험은 시험회사 PSI시험에 의해 관리된다. 준비가 되면 온라인으로 PSI에 가입 할 수 있다. 테네시 상무부에서 사전승인을 받을 필요는 없다.

○ 텍사스 주

텍사스 주는 PI 면허과정의 일부로 시험을 요구하지 않는다.

○ 유타 주

유타 주는 PI 면허과정의 일부로 시험을 요구하지 않는다.

6185-6334-7225버몬트 주

시험필요 :

- 객관식 질문의 편성
- 시험의 주제는 다음과 같다.
  - ○ 탐정과 관련된 버몬트 법령 및 행정 규칙
  - ○ 공평한 신용신고법
  - ○ 버몬트 공공기록

버몬트의 온라인 포털을 통해 완전한 PI면허 신청서를 제출하면 Professional Regulation 사무소는 개인조사 및 보안서비스 사무소의 버몬트위원회에서 시험에 대한 지침을 제공한다. 면허신청서를 제출 한 후 60일 이내에이 조치를 취해야 한다.

○ 버지니아 주

버지니아 주는 PI 면허과정의 일부로 시험을 요구하지 않는다.

○ 워싱턴 주

PI면허를 신청하기 전에 승인된 공급자로부터 사전 과제 교육을 완료해야 한다. 주법은 응시자가 훈련받은 주제와 관련하여 트레이너가 제공한 시험에 합격해야 한다고 규정하고 있다.

- 시험은 적어도 30개의 객관식 문제
- 시험에서 100% 점수를 받아야 한다.
- 잘못된 질문에 답하면 되돌아가서 질문을 검토 한 다음 올바르게 대답해야 한다.
- 시험은 다음을 포함하여 모든 교육주제를 포함해야 한다.

○ 예상원인 및 증거

○ 권력과 한계

○ 체포당국

○ 전문가증인

○ 비디오 및 사진

○ 웨스트버지니아 주

웨스트버지니아 주는 PI 면허과정의 일부로 시험을 요구하지 않는다.

○ 위스콘신 주

시험필요 :

- 시험의 목적은 주법 및 규정을 파악하는 데 익숙해지기 위한 것이다.
- 최소통과

〈표 11〉 사립탐정 면허시험 현황

시험이 있는 주	면허요구 사항 없음	시험이 없는 주	주에서는 시험이 필요하지 않으나 군(county)에서는 필요할 수 있음
알라바마, 켈리포니아, 콜로라도, 플로리다, 하와이, 일리노이, 켄사스, 캔터키, 루이지애나, 메인, 미주리, 몬타나, 네브라스카, 네바다, 뉴멕시코, 뉴욕, 노스 타코타, 오하이오, 오클라호마, 오리건, 테네시, 버몬트, 워싱턴, 위시콘시	알래스카, 아이다호, 미시시피, 사우스 타코타	아리조나, 아칸소, 코네티컷, 델라웨어, 워싱턴DC, 조지아, 인디애나, 아이오와, 메릴랜드, 메사추세츠, 미시간, 미네소타, 뉴햄프셔, 뉴저지, 노스캐롤라이나, 사우스캐롤라이나, 텍사스, 유타, 버지니아, 웨스트버지니아	펜실베니아, 로드 아일랜드
24개	4개	20개	2개

근거: 자료재정리

2. 법률 규제[10)]

1) 일반현황

많은 사람들은 PI의 매력이 법의 제약 밖에서 활동한다고 생각한다. 탐정이 법원과 국회의원이 법집행기관에 제기한 일부제한에 구속받지는 않지만 대부분의 주에서 PI는 감시활동 및 차량미행을 일반적으로 활용한다.

민간인들은 그 한계가 어디인지는 알지 못하지만, 모든 PI는 업무의 규정을 정확히 알아야 한다. PI의 면허가 필요한 주에서는 기본적으로 관련 규정에 대한 질문이 시험이다. 법률은 주마다 다르다. 그러나 전반적으로 발견 할 수 있는 몇 가지 규칙이 있다. 법은 당신이 할 수 없는 일이 할 수 있는 것보다 훨씬 많다는 것을 알게 된다. 대부분의 경우, 법을 아는 것이 매우 중요하다.

(1) PI 면허취득 및 제한사항 이해

한 주에서 다른 주로 옮겨 일하기 위해서는 면허를 확인해야 한다. 일부 주에서는 상호 합의가 이루어지며 다른 주에서는 면허가 있는 주에서 발생한 수사가 자기 주 영역에서 수행할 수 있도록 허용한다. 그래도 주 경계선을 통과하기 전에 면허사용이 가능한지 확인해야 한다.

---

10) (https://privateinvestigatoredu.org/what-is-a-private-investigator/2018.4.19.최종검색)

(2) 사무실에서 단서를 찾는다.

적법 : 이 작업에 들어가는 모든 사람들은 주변에 떠도는 개인정보가 많은 사람들이 볼 수 있다는 것이다. 자신의 이름이나 이메일 주소로 Google검색을 한 번도 해보지 않았다면 먼저 시도해 보아야 한다.

PI의 조사 90%는 인터넷에서 발생한다. Facebook을 살피는 것은 현지인 및 이웃과 대화하기 위한 정보를 알 수 있는 새로운 형태이다. 사람들은 자기 자신, 자신의 친구, 가족에 대해 자료를 게시한다. 개방형 인터넷 이외에 PI가 개인 및 비즈니스 정보를 수집하는 데 사용할 수 있는 개인용 데이터 소스는 다양하다.

- **LexisNexis** – 법률 및 공공기록 정보에 대한 세계 최대의 전자 데이터 베이스로서 다양한 데이터를 원 스톱으로 검색한다. LexisNexis는 1개월에 175달러의 접근 비용을 지불하며 합법적인 의사결정에서 재산기록에 이르는 수천 가지 공개자료를 단일검색 가능 형식으로 통합하는 데 사용된다.
- **도시 및 카운티 기록관** – 재산, 출생, 사망 및 기타 중요한 사건에 관한 대부분의 법적거래는 지방정부기관에서 공식적으로 기록된다. 이러한 기록은 항상 온라인 상태는 아니지만 공개기록이다. 명목상의 수수료로 모

든 정보를 검색 할 수 있다. 직업면허 및 운전경력은 주에서 찾을 수 있다.

- **비즈니스 정보** - 기업은 개인보다 개인정보보호 권리가 적다. 회사는 PI에 가치 있는 소유권, 주소, 불만 및 비즈니스 활동에 대한 정보를 제공 할 수 있다.

불법 : 소셜미디어 계정에 침입하거나 합법적인 방식으로 소셜 시큐리티 번호(사회보장번호)나 계정정보를 얻었더라도 대상의 허가 없이 신용보고서에 접근 할 수 없다.

(3) 거짓말을 해서 경찰을 사칭해서는 안 된다.

적법 : 누군가와 대화하기 위해 거짓말하는 것은 대부분 불법이 아니다. 이웃 사람들에게 해충 구충제, 환경조사원, 오랜 친구 ...라고 말한다. 당신이 아닌 사람으로 가장하는 것은 가장 오래된 고전적 방법이며 모든 PI가 습득해야 하는 방법이다. 소수의 백인 거짓말에 대해 매력적이고 호감가는 서핑대화를 하는 것은 출판물을 통한 파기가 없는 정보를 얻을 수 있다.

불법 : 당신이 할 수 없는 일을 합법적인 법집행기관이나 공무원인 것처럼 가장하는 것은 불법이다. 대표적인 사례는 Hewlett-Packard(HP)와 소수의 PI가 2005년에 서비스 제

공업체로 부터 재정적인 또는 전화기록을 얻기 위해 누군가를 사칭한 불법적인 사건이다. HP의 회장 및 회사고문은 PI를 고용하여 언론인들에게 누설을 조사했다. 연락처를 추적하기 위하여 PI는 통화기록을 얻기 위해 해당 개인인 것처럼 보이는 휴대 전화 제공업체에 연락했다. 프리텍스팅(pretexting)으로 알려진 이 기법은 캘리포니아 주법을 위반한 것으로 PI와 HP직원 2명이 범죄혐의로 기소되었다. 사회보장번호를 불법적으로 취득한 PI 중 한 명은 연방법원에서 유죄를 선고 받았다.

(4) 구역 밖으로 나가서 침입자가 되어서는 안 된다.

적법 : 대부분의 주에서 쓰레기통을 조사하는 것은 훌륭한 관습이고 합법적이다. 목표물이 쓰레기통에 증거물을 던졌다면, 그들은 더 이상 걱정하지 않는다는 것을 의미한다.

불법 : 당신은 개인재산에 침입하는 것이 허용되지 않으며, 증거물을 확인하기 위해 집이나 차에 침입해서는 안 된다. 잠금을 해제한다면 그것은 강도이다.

(5) 엿듣는 것은 괜찮지만 전화도청은 불가능하다.

적법 : 당신은 서서 할 수 있는 한 상대방의 이야기에 귀를 기울이고 이야기를 듣는 것은 합법적이다.

불법 : 법은 주마다 다르지만 대다수의 사람들은 기록이 있다는 것을 알면서도 최소한 한 쪽의 대화 없이 대화를 녹음하는 것은 불법이다. 일부 주에서는 양쪽 당사자에게 통보해야 하며, 이는 또한 전선을 착용하고 누군가를 테이프에 올릴 수 없다는 것을 의미한다.

(6) 사생활장소에서 사진 및 촬영은 안 된다.

적법 : 일반적으로 통행인이 볼 수 있는 공공장소의 사람들은 프라이버시에 대한 기대가 없으며 원하는 경우 활주로에서 모델처럼 촬영할 수 있다.

불법 : 사람은 공공장소에서 볼 수 있더라도 문 뒤, 뒤뜰, 또는 관찰 할 수 없을 정도로 합리적으로 기대할 수 없는 곳이면 사진을 촬영해서는 안된다. 사진은 개인정보보호법을 위반하는 경우 10만 달러(관할권에 따라 다름)까지 벌금이 부과된다. 단 여기에는 사설장소에 고정식 카메라를 설치하거나 드론을 사용하여 오버헤드를 날릴 수 있다.

(7) 차량추적

적법 : 다른 사람과 같은 방향으로 운전하는 것에 대해서는 불법이 아니다. 어쩌면 당신은 그들이 가고 있는 같은

곳으로 가는 길에 있을 수 있다. 교통법규(그리고 주 정부의 성희롱 법령)를 준수하는 한 원하는 모든 사람을 추적 할 수 있다.

불법 : 일반적으로 GPS 추적장치를 부착하거나 사용해서는 안 된다.

(8) 탐정이 되지 경찰이 되려고 하지 마라.

적법 : 대부분의 주에서는 특정범죄가 발생했다고 믿을 만한 합당한 의혹이 있는 경우에 민간인과 동일한 권리가 있다.

불법 : PI는 보통 조사만 한다. 실제 법집행에 연루되는 것은 매우 드물며 PI는 특별한 체포 또는 억류권한이 없다. 수갑을 채우면 거짓투옥에 반대하는 법을 위반할 수 있으므로 내용을 확인하는 것이 좋다.

(9) 사이드 암(sidearm : 권총)을 지니고 있지만, 총기법에 복종해야 한다.

체포와 마찬가지로 대부분의 PI들은 경력의 전 과정을 통해 무기를 필요로 하는 위치에 있지 않다. 체포와 마찬가지로, 휴대하기로 선택할 때 가장 먼저 고려해야 할 사항은 해당 주의 법률을 준수하는 것이다.
이것은 주마다 매우 다양하다. PI 면허가 없는 주에서는 귀하의 권리가 다른 시민과 동일하다. PI 면허가 있는 주에서는 실제로 대부분의 시민보다 적은 권한을 가질 수 있다. 예를 들어, 플로리다에서는 기본 C클래스 PI는 전혀 업무를 수행 할 수 없다. 특수 G클래스 총기면허증을 받으면 직업을 계속할 수 있지만 허용되는 무기의 종류, 수 및 구경을 제한 할 수 있다. 캘리포니아에서는 PI 무기허가(소화기 안전 및 체포권한에 관한 과정을 통과)를 얻기 위한 무기의 종류가 제한되어 있지만, 휴대는 할 수 있다. Tasers 및 다른 비 살상무기도 크게 제한 될 수 있다.

2) 총기 및 기록에 관한 법률

(1) 알라바마 주

알라바마 민간조사위원회 행정법규

- 총기 : 당신이 차량에서 공개적으로 운반하지 않는 한 공개무기는 무기허가가 필요하지않다. 은폐된 무기를 휴대하고 싶다면, 지역 보안관에게서 권총허가를 받아야 한다. (최소한 18세 이상).
  총기안전 교육요구사항 없음.

- 오디오 녹음 동의 : 한 쪽 - 모든 장치를 사용하여 녹음하기 위해 적어도 한 쪽의 통신 당사자의 동의를 얻어야 한다.

(2) 알래스카 주– 탐정에 관한 주의 표준은 없지만 두 개의 지방규제기관이 있다.

- 앵커리지 - 조례 Code Title 10, Chapter 10.40, Section 10.40.020- PI
- 총기 : 공개무기나 은닉을 위해 특별한 무기허가는 필요하지 않다.
- 오디오 녹음 동의 : 전자기기를 사용하여 적어도 한 당사자의 동의 없이 대화를 듣고 녹음하는 것은 경범죄이다.

페어뱅크스 - 조례 법14장, 제4조 - PI

- 총기 : 특별한 무기허가는 필요하지 않다.
- 오디오 녹음 동의 : 한 쪽 - 모든 장치를 사용하여 녹음하기 위해 적어도 한 쪽의 통신 당사자의 동의를 얻어야 한다.

(3) 애리조나 주

애리조나 개정된 법령24장 - PI

- 총기 : 개방형 휴대 또는 휴대운반을 위해 특별한 무기허가는 필요하지 않다.

- 오디오 녹음 동의 : 일방 당사자 - 유선 또는 전자통신을 듣고자 할 때에는 적어도 한쪽 당사자의 동의를 얻어야 한다. 그러나 전자통신이 아닌 녹음을 녹음하는데 동의하지 않아도 된다.

(4) 아칸소 주

아칸소 사설탐정위원회 및 사설보안기관의 규칙 및 규정

- 총기 : 공개무기에 대한 특수무기 허가는 필요하지 않다. 다음요건을 충족하는 경우 은폐권총을 휴대 할 수 있다.
  - 미국 시민권 자/영주권자
  - 적어도 90일 동안 아칸소 주에 거주
  - 21세 또는 18세 이상
  - 신체적/정신적 문제로 고통 받지 않고 자살을 시도하지 않았음
  - 지문과 함께 범죄기록 및 신원확인을 통과
  - 약물 남용자가 아님
  - 주 경찰이 승인한 CHCL 총기 안전훈련 강습을 신청하기 6개월 전에 완료
  - 면허 수수료 142.11 달러 지불 (64세 미만인 경우 65 세 이상인 경우 90.61달러)
  - 미국 헌법 및 알칸소 주법에 충성선언서 제출
- 오디오 녹음 동의 : 한쪽 사람(개인 또는 전자대화용) 당사자의 동의를 얻어야 한다.

(5) 캘리포니아 주

캘리포니아 사립탐정법

- 총기 :
  - ○ 권총을 구입하려면 다음을 수행해야 한다.
    - ■ 21세 이상, 미국 시민 자
    - ■ 캘리포니아 주 거주 증명
    - ■ 안전수칙을 완성하고 권총 안전수료증을 받음
    - ■ El 자격인정 증명서를 받고 지문을 채취
    - ■ 배경조사가 진행되는 동안 10일의 대기 기간이 있음
  - ○ 총기허가증을 받아야 함 :
    - ■ 미국 시민권 자
    - ■ 체포에 관한 8시간 교육과정 필요
    - ■ 총기류의 운반과 사용에 14시간의 과정 수료
    - ■ 80 달러 신청수수료와 지문양식 및 비용으로 보안 및 조사서비스국에 무기허가 신청서 제출
    - ■ 승인을 받으면 귀하의 허가증에 기재되지 않은 구경 권총을 소지하지 못하며, 귀하 또는 귀하의 고용주는 1백만 달러의 보험에 가입해야 한다.
  - ○ Carry Concealed Weapon 면허를 받으려면 지역보안관 사무실/경찰서에 연락해야 한다.
- 오디오 녹음 동의 : 모든 당사자 – 대화의 모든 당사자(구두 또는 전자)는 녹음을 위해 동의해야 한다.

(6) 콜로라도 주

콜로라도 개인조사관 훈련법

- 총기 : 오픈캐리/차량운반은 주 전역에서 허용된다. 귀하가 살고 있는 카운티의 보안관 사무실에서 은폐허가증을 얻을 수 있다(대부분의 카운티는 귀하가 적어도 21세 이상 이어야 하며 주 및 카운티의 거주자이며 총기안전 수련과정에 참석해야 함)
- 오디오 녹음 동의 - 당사자 - 귀하가 녹음하기 위해 적어도 한쪽 당사자의 동의가 필요하다.

(7) 코네티컷 주

코네티컷 일반 법령 29-153

- 총기 : 집이나 사업장 외부로 무기를 옮길 수 있는 허가가 있어야 한다.

(8) 델라웨어 주

Delaware Code Title 24 13 장 : 사립탐정 및 사설보안기관

- 총기 : 오픈캐리에는 특별한 허가가 필요하지 않다. 은닉을 위해 다음 요건을 충족하는 경우 은폐된 치명적인 무기를 운반 할 수 있는 허가신청서를 제출해야 한다.

- ■ 21세 이상
- ■ 국가확인국에서 지문/배경 확인
- ■ 귀하의 카운티에 살고 있고 귀하를 잘 아는 다섯 사람의 참고인 서류를 받음
- ■ 신청서를 작성하고 공증을 받아야 함
- ■ 두 장의 여권용 칼라 사진을 포함
- ■ 65 달러의 출원수수료 포함.
- ■ 카운티의 Prothonotary 's Office에서 새로운 신청서와 사본을 작성
- ■ 신청서가 승인되면 90일 이내에 승인된 총기코스를 완료해야 함

- 오디오 녹음 동의 : 모든 당사자는 전자 또는 구두 통신의 녹음에 동의해야 한다.

(9) 워싱턴 DC

DC 지방자치규정 및 DC 등록 제17장 : PI

- 총기 : 권총은 반드시 워싱턴 DC에 등록되어야 한다. 다음 요건을 충족하는 경우에만 총을 등록 할 수 있다.
  - ■ 21세 이상
  - ■ 범죄기록 확인을 통과
  - ■ 지난 5년간 광기와 만성알코올 중독으로 인하여 어떠한 범죄도 면제받지 않았음

- 지난 5년 동안 정신병원에 입원하지 않았음
- 폭력적인 행동의 경력이 없음
- 당신에게 민사소송 명령을 제출하지 않음
- 온라인 총기안전 교육과정을 완료
- 총기 수수료 13달러로 총기등록 신청서를 제출

○ 다음 요구사항을 충족시키려면 숨겨진 카리권총면허에 등록해야 한다.

range 범위 및 자기방어를 포함하여 16시간의 총기훈련을 완료

- 당신은 숨겨진 카리권총면허에 대한 필요성을 설명해야 함

  D. D. Metropolitan Police Department에 숨겨진 카리권총면허신청서 제출

• 오디오 녹음 동의 : 대화/통신을 녹음하기 전에 상대방이 동의해야 한다.

(10) 플로리다 주

플로리다 농업 및 소비자 과학부 민간조사관 핸드북

• 총기류 : 항상 2개 이상의 총기류를 휴대 할 수 없음. PI로 공개 또는 은닉된 캐어의 경우, 클래스G 주립총기허가증을 신청해야 하며, 다음 요건을 충족해야 한다.

- 21세 이상

- 미국 시민이고 현재 플로리다 거주자
- 범죄기록 확인 및 지문채취
- 이전 신청서에 28시간의 수업 및 강의실 교육을 완료
- "G" 등급 주 전체신청서를 작성하고 수수료 54달러 제출

- 오디오 녹음 동의 : 모든 당사자는 전자, 유선 또는 구두통신의 녹음에 동의해야 한다.

(11) 조지아 주

조지아 사설탐정 및 보안 기관위원회 509

- 총기 :
  - 개방형 휴대를 위해서는 총기사용 허가서가 필요하며 다음 요건을 충족해야 한다.
    - 21세 이상
    - 조지아 주민
      범죄경력/ 경력확인 및 지문채취
    - 5달러 수수료와 추가 카운티 비용을 지불해야 함
    - 지참인 도장, 운전면허증과 함께 법원에 직접 출두해야 함
  - 당신이 살고 있는 카운티에서 발행한 은폐된 캐리에 대한 은닉형 휴대허가가 필요함
- 오디오 녹음 동의 : 전자, 유선 또는 구두 통신을 녹음하기 위해서는 한 쪽이 동의해야 한다.

(12) 하와이 주

하와이 행정규칙 제16장 97 - 사설탐정 및 경비

- 총기 : 하와이의 PI로, 귀하는 지역경찰서장으로부터 서면 허가가 없는 한 총기를 휴대 할 수 없다.
- 오디오 녹음 동의 : 전자, 유선 또는 구두 통신을 녹음하기 위해서는 한 쪽이 동의해야 한다.

(13) 아이다호 주- 탐정의 주 규정 없음

- 총기 : 귀하가 21세 이상이며 주 거주자인 경우, 공공연히 또는 은폐된 상태로 권총을 착용 할 필요가 없다.
- 오디오 녹음 동의 : 전자, 유선 또는 구두통신을 녹음하기 위해서는 한 쪽이 동의해야 한다.

(14) 일리노이 주

일리노이 주 코드 225 ILCS 447/사설탐정, 사립경보, 사설보안, 지문인식 및 자물쇠 법 2004. 제15조 사립탐정

- 총기 :
  - ○ 총기소유자신원확인카드(FOID)가 있어야 하며 다음 요구사항을 충족하는 경우 자격이 될 수 있다.
    - ■ 범죄기록 확인
    - ■ 지난 5년 동안 정신병 환자가 아님.

- 지난 한 해 동안 물질에 중독되어 있지 않음.
- 미국 시민과 일리노이 주민.
- 지난 해 마약검사를 통과
- FFOID 신청서를 온라인으로 작성하고 필요한 수수료를 제출

○ 은폐된 무기를 휴대 할 수 있는 운반선허가가 있어야 하며, 다음과 같은 경우에 적용 될 수 있다 :

- 21세 이상. 유효한 FOID가 있어야 함
- 범죄기록을 확인
- 지난 5년 동안 물질의 영향을 받아 운전하는 동안 운전위반이 2회 이상 발생하지 않음
- 지난 5년 동안 마약/술 치료를 받지 않음
  숨겨진 캐리면허 신청서를 온라인에 작성하고 필요한 수수료를 제출

- 오디오 녹음 동의 : 구두, 전자 또는 전화 통신의 모든 당사자는 녹음을 하기 전에 동의해야 한다. 그러나 대화가 비공개가 아닌 공개장소에서는 녹음이 허용된다.

(15) 인디애나 주

인디애나 사립탐정 및 경호원 면허위원회 법률 및 규정

- 총기 : 공개 또는 숨겨진 운반에는 권총 휴대 면허가 필요하다.

■ 온라인 신청서 제출

■ 90일 이내에 현지 법집행기관의 지문채취 및 완료

○ 승인되면 면허가 우편으로 발송

- 오디오 녹음 동의 : 전자, 유선 또는 구두 통신을 녹음하기 위해서는 한 쪽이 동의해야 한다.

(16) 아이오와 주

아이오와 공공안전청 제80A장 : 사설수사기관 및 보안요원

- 총기 : 공개 또는 은폐 된 운반에는 다음과 같은 경우에 휴대 가능 무기가 필요하다.
  ■ 21세 이상
  ■ 범죄경력/ 배경확인서 제출
  ■ 무기소지 허가신청서 작성
  ■ 지역보안관 사무실에 가서 50달러의 수수료를 지불
- 오디오 녹음 동의 : 전자, 유선 또는 구두통신을 녹음하기 위해서는 한 쪽이 동의해야 한다.

(17) 캔자스 주

캔사스사립탐정면허 K.S.A. 75-7b01 et seq.

- 총기 : 개설 또는 숨겨진 운반에는 면허가 필요하지 않다. 그러나 당신의 거주지 또는 사업장에 있지 않는 한 21세 미만인 경우, 은폐된 무기를 소지하는 것은 불법이다.

- 오디오 녹음 동의 : 전자, 유선 또는 구두통신을 녹음하기 위해서는 한 쪽이 동의해야 한다.

(18) 켄터키 주

탐정을 위한 켄터키위원회 면허법률 및 규정 책자

- 총기 : 총기류는 등록 할 필요가 없으며 공개소지시 허가가 필요하지 않다. 비밀휴대를 위해서는 다음과 같이 해야 한다.
  - ■ 21세 이상
  - ■ 미국 시민과 켄터키 거주자
  - ■ 범죄경력/ 배경확인서제출
  - ■ 마약사용자 또는 중독자가 아님
  - ■ 군대에서 불명예스럽게 퇴거 된 적이 없음
  - ■ 지난 3년 동안 알코올 중독자로 경험한 적이 없음
  - ■ 총기안전관련 과정 완수
  - ■ 귀하의 지역보안관 사무실에 신청서를 작성하고 60달러의 수수료를 지불
- 오디오 녹음 동의 : 전자, 유선 또는 구두통신을 녹음하기 위해서는 한 쪽이 동의해야 한다.

(19) 루이지애나

루이지애나 사립탐정법(La. R.S. 37 : 3500-3525)

- 총기 : 오픈캐리에는 허가가 필요하지 않다. 은폐된 휴대의 경우 다음을 수행해야 한다.
  - 루이지애나 숨겨진 권총허가 신청서와 함께 적절한 수수료(신청서에 나열되어 있으며, 허가 기간에 따라 다르다)
  - 지난 15년간 루이지애나 주에 계속 거주했거나 추가로 50달러의 수수료를 지불
  - 주 총기훈련요구 사항 충족
  - 범죄경력/배경확인 및 지문채취
  - 신청서에 건강상태를 기재하면 의사로부터 의료요약서 제출
- 오디오 녹음 동의 : 1인 - 루이지애나의 전기감시법(Electric Surveillance Act)은 귀하가 적어도 한 당사자의 동의가 없는 한 구두 또는 전화 통신을 전자적으로 녹음하는 것을 허용하지 않는다.

(20) 메인 주

전문수사관을 언급하는 메인 주법

- 총기 : 오픈캐리에는 허가가 필요하지 않는다. 은밀한 소지의 경우 다음을 수행해야 한다.
  - 메인 주(주정부가 발행)에 거주하는 경우 권총 허가 신청서를 작성(다른 지자체에 거주하는 경우 현지 보안관 사무실로 신청)

  - 18세 이상
  - 범죄경력/ 배경/ 지문채취절차
  - 신청 후 5년 이내에 권총안전 코스 완료
- 오디오 녹음 동의 : 전자, 유선 또는 구두 통신을 녹음하기 위해서는 한 쪽이 동의해야 한다.

(21) 메릴랜드 주

2010 메릴랜드 코드 사업 직업 및 직위 Title 13- 사립탐정

- 총기 :
  - ○ 구매허가 - 주의 허가포털을 통해 등록된 총기류를 구입하고 10달러의 수수료를 지불하기 위해서는 MSP77R 신청서와 진술서를 작성해야 한다.
  - ○ HANDGUN 자격 취득 - 총기를 구입하기 전에 이 면허를 취득하고 온라인으로 신청해야 한다. 지문채취, 완벽한 범죄경력 및 배경조사가 필요하며, 지난 3년 내에 총기안전교육과정을 완료해야 함. 수수료는 지문채취를 제외하고 50달러이다.
  - ○ 공개 또는 은폐를 수행하려면 권총착용 및 휴대허가가 있어야 한다. 다음 요건을 충족해야 한다.
    - 18세 이상. 범죄기록 확인을 통과
    - 마약중독자/알콜중독자가 아님
    - 당신은 권총을 착용, 휴대 또는 수송하기에 충분하고 실질적인 이유가 있음

  - ■ 지난 2년 이내에 매릴랜드주 경찰이 승인한 총기 훈련과정을 마침
- 오디오 녹음 동의 : 모든 당사자 - 매릴랜드의 도청 및 전자 감시법에 따르면 구두, 유선 또는 전자 통신 내용을 기록하고 사용하는 데 모든 당사자의 동의를 받아야 한다.

(22) 매사추세츠 주

매사추세츠 일반법 제I부 XX 제14장 제22절

- 총기 :

○ 귀하의 지역경찰국은 다음 두 가지 형태 중 하나로 총기 사용 허가서를 발급한다.

  - ■ Firearms Identification Card - 다음과 같은 경우 총기를 구입하고 보유 할 수 있다
  - ■ 18세 이상 승인된 총기 안전 과정을 완료
  - ■ 매사추세츠 주에 살고 있는 미국 시민권 자

○ 휴대 할 수 있는 면허 - 다음과 같은 경우 총기를 구입하고 소지하고 개봉하거나 숨길 수 있음

  - ■ 21세 이상, 승인된 총기 안전과정을 완료
  - ■ 매사추세츠에 살고 있는 미국 시민권 자

- 오디오 녹음 동의 : 모든 대화 상대는 녹음 된 것에 동의해야 함. 그러나 전화 장비 및 기타 일반사무실 상호

통신시스템은 동의 없이 대화를 녹음하는 데 사용될 수 있다.

(23) 미시간 주

미시간 직업적인 조사자 면허행위

- 총기 : 오픈캐리는 주 전역에서 합법적이다. 차량운반은 은폐된 것으로 간주되며 은폐 권총교육을 요구한다.
  - 은폐권총 응용 프로그램 완료
  - 권총 안전교육 과정 수료 및 자격취득
  - 카운티 사무원과 함께 신청할 때 100달러의 신청비와 등록비를 지불해야 함
  - 지문채취, 범죄경력 및 신원확인 완료
- 오디오 녹음 동의 : 제3자가 다른 사람의 대화를 녹음하는 경우 한사람 동의가 필요하다. 그러나 의사소통에 관여 한 사람은 다른 사람의 동의 없이도 기록 할 권리가 있다.

(24) 미네소타 주

미네소타 행정규칙 제7506호, 사설탐정 및 보호요원

- 총기 : 주법에 따라 모든 사립탐정은 면허소지 전에 총기안전 교육을 완료해야 한다.
  - 구입허가 - 적어도 21세 이상

미네소타 통일무기신청/수령허가서 구매/양도수락서를 작성하여 지역경찰청장/카운티보안관. 범죄경력에 대한 배경조사를 한 후, 1년간의 구매허가증을 발급받게 됨.

○ Permit to Carry : 공개 및 은닉에 필요한 사항, Pistol 신청서를 휴대 할 수 있는 허가서를 작성하고 경찰서/카운티보안관에게 제출. 신청서를 제출 한 지 1년 이내에 권총안전교육과정을 마쳐야 함.

- 오디오 녹음 동의 : 전자, 유선 또는 구두 통신을 녹음하기 위해서는 한 쪽이 동의해야 한다.

(25) 미시시피 주– PI에 관한 주 규정 없음

- 총기 : 개설 또는 은폐된 휴대 또는 허가권을 구입하는데 허가가 필요하지 않다.
- 오디오 녹음 동의 : 1인 – 상대방이 참여한 의사소통을 녹음하거나 상대방 중 한 사람이 동의 한 경우 가능

(26) 미주리 주

미주리 사립탐정위원회 및 사설화재조사관 규정

- 총기 : 오픈캐리에는 허가가 필요하지 않다. 은닉을 위해 최소한 19세(군대의 경우 18세)이며 법으로 금지되어 있지 않은 한 허가가 필요하지 않다.

- 오디오 녹음 동의 : 한 쪽 – 상대방이 참여한 대화를 녹음하거나 상대방이 동의 한 경우 가능

(27) 몬타나 주

몬타나 행정규칙 24.182 사적 보안위원회

- 총기 : 오픈캐리에는 허가가 필요하지 않다.
  숨겨진 휴대의 경우 :
  - 18세 이상
  - 귀하의 지역보안관사무실에 신청서를 작성하고 수수료 (보통 60달러)를 납부.
- ○ 허가는 60일 이내에 발급 됨
- 오디오 녹음 동의 : 모든 당사자 – 구두 또는 전자 통신에 관련된 모든 당사자는 녹음을 위해 동의해야 한다. 공공회의에서 이야기하는 개인을 포함하여 공무수행에 있어 대화 녹음이 이루어지는 공무원 또는 직원은 제외

(28) 네브래스카 주

네브래스카 사립탐정법령

- 총기 : 오픈캐리에 필요한 허가증이 없다. 은닉된 운반을 위해 :
  - 승인된 권총훈련/안전코스를 완료

■ 숨겨진 권총 허가신청서 작성
■ 훈련 및 지역 네브래스카 주 순찰대본부에 신청서 제출
■ 네브래스카 운전면허증을 보여주거나 네브래스카 안과전문의 검안사가 현재 시력진술서를 작성하여 시력요건을 충족한다는 증거를 제출
■ 신원확인 및 시민권 증명
■ 네브라스카 주소증명 제공
■ 범죄기록/ 배경확인을 위해 지문을 제공
■ 100달러의 수수료 지불(지문 수수료는 포함되지 않음)

• 오디오 녹음 동의 : 1인 - 귀하가 당사자이거나 귀하가 당사자의 동의를 받은 대화를 녹음할 수 있다. 또한 대중이 접근 할 수 있는 전자통신을 기록 할 수 있다.

(29) 네바다 주

네바다 행정법 648장 - 사설탐정, 사설순찰경관, Polygraphic심사원, 프로세스 서버, 리포좀 및 개취급 업체

• 총기 : 오픈캐리에 필요한 허가증이 없다.
숨겨진 휴대의 경우 : 최소한 21세 이상
■ 범죄기록 확인을 통과
■ 권총 안전코스를 통과

○ 네바다 감춰진 무기 허가신청서를 위해 귀하의 지역

보안관사무실에 연락
(클락 카운티에 거주하는 경우이 신청서는 라스베가스 메트로 경찰국에서만 발급된다.)

○ 완성된 신청서와 10장짜리 지문카드세트, 자신의 컬러 사진 및 보안관사무실/경찰서 수수료 (약 100달러) 제출

- 오디오 녹음 동의 : 혼합 된 동의 - 귀하는 관련된 모든 당사자의 동의 없이 전화 대화를 녹음 할 수 없다.

(30) 뉴햄프셔 주

뉴햄프셔 안전관리부 규칙 Saf-C 2200

- 총기 : 개봉 또는 은폐된 운반에는 허가가 필요하지 않다.
- 오디오 녹음 동의 : 모든 당사자 - 녹음하기 위해 전자 또는 개인 대화에 대한 모든 당사자의 동의를 얻어야 한다.

(31) 뉴저지 주

뉴저지 주 경찰개인사법규정 및 규정

- 총기 : 권총을 구입하는 데 필요한 허가증이 없다. 공개 및 은닉을 위해 귀하는 다음과 같은 자격을 갖춘 출장 허가서가 필요하다.

○ 거주하는 거주지 경찰관에게 3통씩 권총 휴대허가 신청서를 제출하거나 주 경찰에게 왜 총기를 휴대해야

하는지에 대한 필요성을 포함시켜야 한다(고용주가 이 서신을 제공 할 수 있음).

- 오디오 녹음 동의 : 녹음이 범죄 행위의 일부로 수행되지 않는 한, 개인 또는 전화 대화를 녹음하기 위해 일방 당사자의 동의가 필요하다. 대중이 접근 할 수 있는 전자통신을 기록 하는 것은 합법적이다.

(32) 뉴 멕시코 주

뉴 멕시코 행정법 Title 16 제48- 사법시행당국자

- 총기 : 오픈 캐리에는 허가가 필요하지 않다.
  숨겨진 휴대의 경우 :
  - 3M Cogent를 통해 전자식으로 지문을 채우고 제출시 44달러와 뉴멕시코 공공안전청에 56달러 지불
  - 총기승인이 인정된 총기훈련
  - 은폐 권총 면허신청서를 작성하고 다음을 포함한다.
    - 지문영수증
  - 두 가지 릴리스 양식
    - 출생증명서 사본
    - 총기훈련증명서 사본
    - 뉴멕시코 운전면허증 사본
    - 100달러 지불
- 오디오 녹음 동의 : 대화 또는 통신을 녹음하려면 일대일 동의가 필요하다.

(33) 뉴욕 주

뉴욕 사립탐정, 보석집행요원, 감시, 경비 또는 순찰기관 및 경비원면허법

- 총기 : 개설 및 숨겨진 휴대 면허는 주 전체 59개 면허 관할구역에서 규제된다. 이 관할권 중 55개는 법원을 통해 권총면허를 발급하고 다른 4개는 보안관이나 경찰국장을 통해 발급된다. 해당 관할지역의 정책 및 절차를 확인한다.
- 오디오 녹음 동의 : 구두 또는 전자 통신을 녹음하기 위해 일방 당사자의 동의가 필요하다.

(34) 노스캐롤라이나 주

노스캐롤라이나 주 행정법 코드 제 14B 조 - 공중안전성 - 제16장 사설보호 서비스위원회

- 총기 : 오픈캐리는 필요하지 않다. 은폐된 휴대의 경우
  - 해당 지역 보안관사무실에 신청서를 작성하고 80달러의 수수료를 지불
  - 보안관 사무실에서 두 세트의 지문을 갖게 된다.
  - 권총 안전교육 과정 수료 및 수료증 제출
  - 정신건강 문제를 공개하는 서류를 보안관 사무실에 제출
- 오디오 녹음 동의 - 구두 또는 전자 통신을 녹음하기 위해 일방 당사자의 동의가 필요하다.

(35) 노스다코타 주

노스다코타 주 탐정 및 보안위원회 Title 93 : 행정규칙

- 총기: 적재 된 권총을 공개적으로 (또는 은폐하여) 숨기려면 은닉 무기 사용권이 필요하다. 자격 조건은 다음과 같다.
  - 21세 이상
  - 미국 시민권 자
  - 범죄기록/ 배경조사
  - 노스다코타 주민입양
  - 은폐무기사용설명서에 대한 책자테스트 공개
  - 온라인 신청서 제출
- 오디오 녹음 동의 : 녹음이 범죄 행위의 일부로 수행되지 않는 한, 대화 또는 전화 대화를 녹음하기 위해 일방 당사자의 동의가 필요하다.

(36) 오하이오 주

오하이오 수정된 코드 제목 47 직업 - 직업 4749 장 : 사설탐정, 보안 서비스

- 총기 : 오픈캐리는 필요하지 않다. 차량에 휴대하기 위해 또는 휴대를 숨기려면 숨겨진 수하물 허용이 필요하다.
  - 지난 5년 동안 미국 시민권 자 및 오하이오 주민으로 21세 이상

- 범죄기록 확인을 통과
- 완벽한 무기훈련 (8시간, 최소 2시간의 사내훈련 및 사격훈련)
- 은폐권총소지허가신청서를 작성하고 67달러로 현지 보안관사무실에 직접 제출하시오.

• 오디오 녹음 동의 : 녹음이 범죄행위의 일부로 수행되지 않는 한, 개인 또는 전화 대화를 녹음하기 위해 일방 당사자의 동의가 필요하다.

(37) 오클라호마 주

오클라호마 보안 경비대 및 사립탐정법

• 총기 : 일반인과 은닉인 모두 휴대가 가능하다.
- 미국 시민권 자 및 오클라호마 거주자
- 21세 이상
- 총기 안전교육 과정을 완료해야 한다.

○ Oklahoma State Bureau of Investigation자위대 면허시스템을 통해 온라인 신청

• 오디오 녹음 동의 : 한 쪽 - 오클라호마의 보안통신법(Security of Communications Act)은 사람이 범죄 행위의 일부로 그렇게 하지 않는 한 구두 또는 전자 통신을 녹음하기 위해 한 쪽 당사자의 동의를 얻어야 한다.

(38) 오리건 주

오리건 주 행정규칙 공공안전기준 및 훈련부 구분 61- 조사관의 면허기준과 및 규칙

- 총기 : 현지 보안관사무실을 통해 공개 및 숨겨진 휴대허가를 발급한다. 대부분의 경우 다음과 같은 사항을 요구한다.
  - 권총 안전교육 과정 수료
  - 미국 시민권 자 및 오리건 주민
  - 허가/면허 신청을 하고 있는 카운티의 거주자
  - 21세 이상
  - 범죄경력배경확인서 작성
  - 필요한 모든 비용을 지불
- 오디오 녹음 동의 : 혼합 동의 - 전자통신을 녹음하기 위해서는 일방 당사자의 동의가 필요하다. 직접 대화를 녹음하려면 모든 당사자의 동의가 필요하다.

(39) 펜실베니아 주

1953년 펜실베니아 사립탐정법

- 총기 :

○ 총기휴대에 필요한 필라델피아 면허가 필요한 차량 및 필라델피아시를 제외하고는 오픈캐어가 필요하지 않다.
  - 21세 이상

- ■ 필라델피아 카운티에 거주
- ■ 두 개의 참고인 확인 필요(가족이 아님)
- ■ 유효한 PA운전면허가 필요
- ■ 지문 및 범죄경력/ 배경확인을 통과
- ■ 모든 해당 수수료를 지불해야 한다.

○ 주 전체에 숨겨진 휴대 및 차량 반입을 위해 : PA운전면허증과 2개의 참고인 이름을 가지고 해당 지역보안관무실로 가서 신청

- ■ 지난 90일 동안 카운티 거주를 증명해야 할 수도 있다.
- ■ 모든 해당 수수료를 지불해야 한다.

- 오디오 녹음 동의 : 모든 당사자 - 합법적으로 녹음하기 위해 전자 또는 개인 통신의 모든 당사자의 동의를 얻어야 한다.

(40) 로드아일랜드 주

로드아일랜드 사립탐정법

- 총기 : 개설 및 숨겨진 운반에는 허가/ 필요하다.
  - ■ 귀하의 지역 보안관사무실에 신청서를 작성하고 공증을 받아야 함
  - ■ 공인무기 강사가 되기 전에 자격을 완수하고 인증서를 포함
  - ■ 두 장의 사진과 두 가지 신분증을 제출

- FBI 핑거 프린팅 완료
- 고용주가 허가증이 필요한 이유를 설명하는 편지를 포함
- 모든 비용을 지불(40 + 지문 채취, 250인 Providence City 제외).

• 오디오 녹음 동의 : 한 사람 – 귀하가 범죄행위의 일부로 하지 않는 한 구두 또는 전자 통신을 녹음하기 위해 한 쪽 당사자의 동의를 얻어야 한다. 그러나 일반지식 또는 공개정보인 전자/사람 간 통신을 녹음을 할 수 있다.

(41) 사우스캐롤라이나 주

사우스캐롤라이나 법전 명령 제40장 제18장 – 사설보안 및 수사기관

• 총기류 : 공개 또는 은폐된 운반을 위해 은폐 무기 허가를 받아야 한다.
  - 미국 시민권 자 및 사우스캐롤라이나 거주자
  - 의무적인 총기훈련을 완료해야 하며 사우스캐롤라이나 은폐무기허가증 취득
  - 범죄기록 확인을 통과
  - 사우스캐롤라이나 숨겨진 무기허가신청서 작성
  - 50달러 수수료 포함

• 오디오 녹음 동의 : 당사자 – 구두 또는 전자 통신을 녹음하기 위해 일방 당사자의 동의가 필요하다.

(42) 사우스다코타 주- 탐정에 관한 주 규정 없음

- 총기 : 오픈캐리는 필요하지 않다. 은폐 된 허가에는 세 가지 유형이 있다.
  - ○ 정규허가 - 주 및 다른 30개 주와 함께 은폐가 가능하다.

요구 사항 :

  - ■ 18세 이상
  - ■ 범죄기록 확인 및 배경조사를 통과
  - ■ 미국시민이며 사우스타코타의 거주자
  - ■ 신청비 10달러를 지불해야 한다.
  - ○ Gold Card Permit- 일반 주정부의 혜택과 다른 주에서의 은닉에 대한 인정을 허용하며 ATF의 승인을 받아 구매면제를 허용한다. 요구 사항 : Reg 일반용
    - ■ FBI 핑거 프린팅 배경 확인 완료

      핑거 프린팅에 43.75 달러, 신청서에 70 달러 지불

      계속되는 적격성에 대한 정기 배경점검
  - ○ 강화 된 허가 - 요구 사항 : Reg 일반용

    자격을 갖춘 권총코스
    - ■ FBI 핑거 프린팅 배경 확인 완료

      신청비 100달러 및 지문 수수료 43.75달러 지불

      계속되는 적격성에 대한 정기 배경점검
- 오디오 녹음 동의 : 구두 또는 전자 통신을 녹음하려면 일방 당사자의 동의가 필요하다.

(43) 테네시 주

테네시 개인조사 및 폴리그래프위원회 규칙 1175-04-04 : 직업윤리 규칙 및 실천 표준

- 총기 : 일반인과 은닉자 모두에게 권총휴대허가가 필요하다.
  - 미국 시민권 자 및 테네시 주민
  - 21세 이상
  - 범죄 기록 확인을 통과
  - 물질 남용자/사용자가 아님
  - 정신적으로 결함이 없음
  - 신청 전 1년 동안 권총안전코스 완비
  - 모든 드라이버 서비스 센터 위치에서 신청서를 작성하고 처리
  - 8년간의 면허에 대해 100달러, 평생 동안 300달러
- 오디오 녹음 동의 : 한 사람 – 귀하가 범죄행위의 일부로 하지 않는 한 구두 또는 전자 통신을 녹음하기 위해 한 쪽 당사자의 동의를 얻어야 한다. 그러나 일반지식 또는 공개정보인 전자/사람 간 통신을 녹음 할 수 있다.

(44) 텍사스 주

텍사스 주 개인보안규정 및 규칙

- 총기류 : 공개 및 은닉 휴대를 위해 권총을 휴대 할 수

있는 면허가 필요하다.

- 미국 시민권 자 및 텍사스 주민
- 21세 이상
- 범죄기록 서류 제출
- 정신질환을 앓지 않음
- 약물남용/의존문제가 없음
- 공식LTC 교육과정을 통과

○ LTC 신청서를 작성하고 필요한 수수료를 내고 제출

• 오디오 녹음 동의 : 한 쪽 – 범죄 행위의 일부로 그렇게 하지 않는 한 구두 또는 전자의사소통을 녹음하기 위해 한 쪽 당사자의 동의를 얻어야 한다. 그러나 일반지식 또는 공개정보인 전자/사람 간 통신을 녹음 할 수는 있다.

(45) 유타 주

유타 법전 제9장 : 사립탐정규제법

• 총기 : 오픈캐리는 필요하지 않다. 숨겨진 총기 허가

- 21세 이상.
- 미국 시민권 자 및 유타 거주자
- 지문채취와 함께 범죄기록 및 신원조회를 통과
- Weapon Familiarity Certification(무기익숙자격) 과정을 마쳐야 함

- 은폐된 총기 허가신청서와 수수료 37달러(지문 채취 제외)을 제출

- 오디오 녹음 동의 : 한 사람 - 귀하가 범죄행위의 일부로 하지 않는 한 구두 또는 전자통신을 녹음하기 위해 한 쪽 당사자의 동의를 얻어야 한다. 그러나 일반지식 또는 공개정보인 전자/사람 간 통신을 녹음 할 수 있다.

(46) 버몬트 주

버몬트 법령 온라인 타이틀 26 제59장 : 사설수사 및 보안서비스

- 총기 : 개봉 또는 은폐된 운반에는 허가가 필요하지 않다.
- 오디오 녹음 동의 : 버몬트는 오디오 녹음 동의의 적법성을 정의하는 법이나 판례법을 가지고 있지 않다.

(47) 버지니아 주

버지니아 법전 명칭 9.1 부서 1제 4조 사설 보안서비스 사업

- 총기 : 개봉 또는 은폐된 운반에는 허가가 필요하지 않다.
- 오디오 녹음 동의 : 한 쪽 - 귀하가 당사자이거나 귀하가 당사자의 동의를 받은 대화(전자 또는 구두)를 녹음할 수 있다.

(48) 워싱턴 주

워싱턴 주 입법부 Title 18 18.165 RCW 사설탐정

- 총기 : 오픈캐리에는 허가가 필요하지 않다. 숨겨진 휴대(차량에 짐을 실은 짐을 들고 다니는 데에도 적용된다)는 필요하다.
  - 21세 이상
  - 신청자가 거주하는 미국 시민권 자, 워싱턴 주 거주자 및 거주자
  - 지문을 남기고, 범죄기록/배경 확인
  - 수수료는 48달러(지문채취 제외)
- 오디오 녹음 동의 : 모든 당사자 – 합법적으로 녹음하기 위해 구두 또는 전자통신에 대한 모든 당사자의 동의를 얻어야 한다.

(49) 웨스트버지니아 주

웨스트버지니아 법 제30장 18조 : 개인수사 및 보안서비스

- 총기 : 개봉 또는 은폐된 운반에는 허가가 필요하지 않다.
- 오디오 녹음 동의 : 한 사람 – 귀하가 범죄행위의 일부로 하지 않는 한 구두 또는 전자통신을 녹음하기 위해 한 쪽 당사자의 동의를 얻어야 한다.

(50) 위스콘신 주

위스콘신 주 입법부 규정 440.26 사립탐정, 수사관 및 보안요원

- 총기 : 오픈캐리는 필요하지 않다. 숨겨진 휴대(차량에서 열린 짐에도 해당)는 필요하다.
  - 21세 이상
  - 범죄기록 확인을 통과.
  - 미국 시민권 자 및 위시콘신 거주자
  - 총기훈련을 통과
  - 은폐무기응용프로그램 완료
- 오디오 녹음 동의 : 한 사람 - 귀하가 범죄행위의 일부로 하지 않는 한 구두 또는 전자통신을 녹음하기 위해 한 쪽 당사자의 동의를 얻어야 한다. 의사소통이 기록되고 법원에서 사용될 수 있다는 사실을 당사자에게 알린 경우를 제외하고는 통신문을 기록하여 얻은 증거는 민사상 허용되지 않는다.

(51) 와이오밍 주– 탐정에 관한 주 규정은 없지만 지역적으로는 샤이엔시에서 사립탐정으로 영업허가를 신청해야 한다.

- 총기 : 오픈캐리는 필요하지 않다. 와이오밍의 모든 합법 거주자는 허가 없이 은폐된 무기를 소지 할 수 있다.

- 오디오 녹음 동의 : 한 사람 - 귀하가 범죄행위의 일부로 그렇게 하지 않는 한 구두 또는 전자통신을 녹음하기 위해 한 쪽 당사자의 동의를 얻어야 한다.

3) 보증채권 및 책임보험

(1) PI 기관에 대한 보증채권 및 책임보험

채권 및 보험에 가입하는 것은 PI 대행사를 설립 할 때 가장 일반적으로 요구되는 몇 가지 요구 사항이며 실제로 비즈니스를 수립 할 때 공통적으로 요구되는 사항이다. 주정부는 당신의 면허에 대해 요구하는 보험금액을 명시 할 것이다. 주정부의 면허기관은 당신이 주에서 사업하기 위해 허가 한 보증인 또는 보험회사를 요구한다. 주 보험 감독관과 상의하여 이 사실을 확인할 수 있다.

(2) 보증인채권

보증인 본드는 PI 사업자가 저지르는 불법 또는 사기행위로부터 고객을 보호하는 보증유형이다. 보증인 채권은 3자를 포함한다. 이 측면은 두 당사자가 관련된 보험과 구별된다. 당신은 보증채권을 고려 할 때 다음 조건을 준수 할 것이다.

- 대상 - 당신의 비즈니스

- 의무 - 정부보증기관 (예 : 주정부 면허부서)
- 보증인회사 - 보증금을 지불하는 회사
- 보증인회사에 가서 10만 달러(예: 보증금) 채권을 게시하도록 요청한다. 일반적으로 담보물을 올릴 필요가 없다. 당신은 단지 1-3% 사이의 수수료를 지불한다. 따라서 이 예에서는 10만 달러에 대해 100-300달러 사이의 환불되지 않는 수수료를 지불하게 된다.
- 보증회사는 당신의 PI기관이 법률을 위반하거나 당신의 고객을 속이면 당신의 주 규제 기관이 보증인 회사와 당신의 채권에 대해 청구 할 수 있다는 계약서를 작성한다. 당신의 고객은 주정부 규제기관에 불만을 제기하여 청구를 시작한다. 또한 정부규제기관이 탐지한 위반사항을 저지른 경우에도 자동으로 클레임이 시작된다.
- 당신의 PI사업이 법을 위반하고 보증인 회사가 정부의 규제기관이나 고객에게 돈을 지불하면 보증인 회사는 당신의 사업(또는 귀하가 약관에 따라)을 수행하여 법적 지불을 포함하여 주 정부 지출과 관련된 모든 비용을 회수할 수 있다. 보증금은 보험형태 보다 신용한도에 가깝다.

(3) 책임보험 정책

상업일반책임은 우발적인 신체상해 및 제3자에 대한 재산

상의 손해로 인한 당신의 회사를 보호하기 위한 것이다. 주에서는 일반적으로 최소한 10만 달러의 일반 책임보험이 필요하다. 책임보험은 직원의 상해를 보상하지 않는다. 그 때문에 당신은 근로자의 보상보험에 가입해야 한다.

3. 탐정기관 설립

1) 개인 및 기관면허에 대한 기본 요구사항

대부분의 주에서는 개인으로서의 PI 면허 및 회사에 대한 별도의 면허와 같은 몇 가지 측면에서 PI 대행사를 구성하여 운영하는 과정에서 접근해야 한다.

개별 PI 면허에 대한 기본 요구 사항부터 살펴보면,

- 18세 이상 혹은 25세 이상
- 배경조사를 통과(범죄기록이 분명하고 도덕적 성향이 양호).
- 21개 주에서 2년에서 5년 동안 관련 업무경험 및 교육을 받아야 함

PI 대행사(회사)의 면허를 취득하고 실행하기 위한 기본 요구사항은 다음과 같다.

- 개별 PI 면허취득
- 보증채권 및 책임보험 가입
- 일반 사업면허가 있어야 함

35개 주에서는 탐정회사를 소유하거나 운영하기를 원할 경우 주정부 차원에서 발행 한 PI 대행사 면허가 필요하다. 나머지 16개의 면허 관할 구역에서는 별도의 PI 대행사 면허를 발급하지 않는다. 대신, (a) PI 또는 PI 기관에 대한 면허를 전혀 부여하지 않거나, (b) 개별적으로 면허가 부여된 PI를 비즈니스 면허 표준규칙에 따라 PI 비즈니스를 설립할 수 있다고 인식하거나, (c) 요구사항을 충족하기 위해 개별적으로 면허가 부여된 PI를 요구한다. 이는 대행사 면허에 일반적으로 필요한 것과 유사하며 면허가 동일하다고 간주한다.

2) PI 기관설립 면허법

당신의 주에 있는 요건을 검토해야 한다.

- 주정부가 PI 대행사 면허가 필요한 경우 해당 링크를 따라 신청에 대해 자세히 알아볼 수 있다.
- 주정부가 PI 대행사 면허 요구사항이 없는 경우, 개별 PI 면허를 사용하여 비즈니스를 시작할 수 있다.

(1) **알라바마 주–** PI 기관 면허요구 사항 없음. 개별면허만 필요하다.

(2) **애리조나 주–** PI 대리인면허가 필요하다. 자격요건은

3년의 경험이 필요(Arizona Public Safety Department, Licensing Unit).

(3) **아칸소 주–** 회사면허가 필요하다(당신의 업무에 따라 5개의 다른 클래스가 필요하다). 자격요건을 갖추려면 2년간의 경력과 일정한 책임보험금이 필요(Arkansas State Police)

(4) **캘리포니아 주–** PI 기관의 자격을 갖춘 관리자면허가 필요하다. (a) 3년간의 경험(6,000시간), (b) 법학학위 또는 4년간의 경찰과학교육, 2년 (4,000시간)의 경험 또는 (c) 관련 준학사 학위와 2.5년 (5,000시간)의 경험; 당신의 기관에 소지하신 분이 있다면 추가 요구사항이 있다(캘리포니아 주 소비자 보호국, 보안 및 조사서비스국). 자체대행사를 시작하려는 경우, 개별 PI 면허를 이미 보유하고 있는 것이 좋다.

(5) **콜로라도 주–** PI 사업자면허가 필요하다. 개별 PI 면허와 동일한 자격요건이 있다. 최소 21세 이상이어야 하며, 시험에 합격하고 보증금을 발행해야 한다(Colorado Agency of Regulatory Agency, 사립 탐정 허가 면허 사무소).

(6) **코네티컷 주–** 사업자면허가 필요하다. 당신은 개별면허증에 대한 모든 자격요건을 충족해야 하며, 사업면허증을 소지하고 있는 증명을 보여야 하고, 특별면허 및 총기소지 (코네티컷 주 긴급 서비스 및 공공 보호 부서, 주 경찰 부서)를 통해 추가로 면허를 취득해야 한다.

(7) **델라웨어 주–** 개인조사 및 사설보안기관면허(세 가지 수업)가 필요하다. 4년에서 5년의 경험, 최소한 10-15만 달러의 보증금, 그리고 발생 당 1백만불의 책임보험(Delaware State Police, Professional Licensing)이 있어야 한다.

(8) **콜럼비아 특별구(DC) 주–** 사립탐정 면허가 필요하다. 시험에 합격하고 상당한 보증금을 제시해야 한다(Pearson VUE를 통해 소비자 및 규제 담당 부서 (보안), 정보에 의해 관리 됨).

(9) **플로리다 주–** 개인조사기관면허가 필요하다. 자격요건은 18세 이상(플로리다 주 농무부).

(10) **조지아 주–** 사립탐정사업면허가 필요하다. 자격을 얻으려면 25,000달러 보증채권을 게시하거나 1백만 달러 이상의 책임보험에 가입하고 시험에 합격해야 하며 다음 두 가지 자격 중 하나를 갖추어야 한다.

(11) **하와이 주–** 개인 및 경비대행사면허가 필요하다. 자격을 갖추려면 최소 5만 달러(하와이 상무부, 전문직 및 직업 자격증)의 보증금을 반드시 발행해야 한다.

(12) **일리노이 주–** 사립탐정기관면허가 필요하다. 자격을 얻으려면 3년의 관련 업무 경력을 갖는 개별 PI 면허를 보유해야 한다. 이 경험요건은 2년 동안 법집행 관련분야 또는 비즈니스에서 학사학위를 취득해야 한다(일리노이 재무 및 전문 규정).

(13) **인디애나 주–** 사설탐정기관면허가 필요하다. 자격을 얻으려면 1억 달러의 책임보험과 2년 (4,000시간)의 PI 경험 또는 형사사법학사학위(Indiana Professional Licensing Agency, 사립탐정 및 경비원 면허위원회)가 있어야 한다.

(14) **아이오와 주–** 사설탐정 기관면허가 필요하다. 자격요건은 18세 이상(아이오와 공공안전청).

(15) **캔사스 주–** 사설탐정 기관면허가 필요하다. 책임보험에 가입해야하거나 주정부보증금을 가지고 있어야 하며, 이 모든 금액은 캔자스 법무장관(Kansas Attorney General), 사립탐정 면허부서(Private Detective Licensing Unit)에 지급한다.

(16) **켄터키 주–** 사설탐정 기관면허가 필요하다. 귀하의 자격 요건은 최소 21세 이상(켄터키 사립 탐정위원회 면허).

(17) **루이지애나 주–** 개인조사 기관면허가 필요하다(루이지애나 주 사립탐정검사관). 3년 이상의 조사 경험이 있어야 한다.

(18) **메인 주–** PI 기관면허 요구사항 없음; 개별 면허만 필요하다.

(19) **매릴랜드 주–** 개인조사 기관면허가 필요하다. 최소한 25세 이상이어야 하며 경찰관, 사립탐정 또는 소방관으로 5년간의 경력이 있거나 경찰 또는 기타 정부기관조사관으로 3년간의 경력이 있는 자격 요건 중 하나를 충족해야 한다(메릴랜드 주 경찰, 면허부, 사설탐정부서).

(20) **메사추세츠 주–** PI기관의 면허요구 사항은 개인과 동일하다. 3년 이상의 관련 업무 경험 (Massachusetts Public Safety and Security Office of Public Safety and Security).

(21) **미시간 주–** PI기관의 요구 사항은 개인과 동일하다.

1만 달러의 채권 또는 보험증권을 게시하고 3년 이상의 관련조사 경험이 있어야 한다(미시간 주 면허 및 규제업무부).

(22) **미네소타 주–** PI기관 면허요구 사항은 개인과 동일하다. 보증금 1만 달러, 관련 조사 경험 6,000시간 (미네소타 사설탐정 및 보호 에이전트 서비스위원회)

(23) **미주리 주–** 사설탐정 대리인 면허가 필요하다. 자격을 얻으려면 250만 달러의 책임보험이 있어야 하며, 직원이 있는 경우 근로자보상보험(미주리 전문규제국, 사립탐정위원회 및 사립소방관)

(24) **몬타나 주–** PI기관 면허요구 사항 없음. 개별면허만 필요하다.

(25) **네브래스카 주–** 사립탐정 기관면허가 필요하다. 1만 달러의 보증금이 있어야하고 필기시험에 합격해야하며 3,000시간의 경험, 준회원 학위를 취득한 2,500시간의 경험 또는 학사학위를 취득한 2,000시간의 경험이 있어야 한다(네브래스카주 국무장관).

(26) **네바다 주–** 사설탐정 사업자 면허가 필요하다. 자격요건은 최소 21세 이상이어야 하며, 관련조사경험

이 5년이 있어야 한다(10,000시간, 연간2,000 시간). 당신은 다음과 같은 비율로 경찰과학이나 형사 사법 교육으로 대체 할 수 있다. 전문학위는 1,333 시간의 경험과 같고, 학사학위는 3,000시간의 경험과 같다(네바다 사립탐정위원회).

(27) **뉴햄프셔 주-** 사설탐정 기관면허가 필요하다. 당신에게 50만 달러의 보증금 (뉴햄프셔 안전국, 주 경찰부서)이 있어야 한다.

(28) **뉴저지 주-** 사립탐정 사업면허가 필요하다. 자격요건은 최소 25세 이상이어야 하며, 정부법집행기관(New Jersey State Police, Private Detective Unit)의 5년간 경험이 있어야 한다.

(29) **뉴멕시코 주-** 민간조사 회사 면허가 필요하다. 이 자격을 얻으려면 10만 달러의 보증금(뉴 멕시코 규제 및 면허부서)을 게시해야 한다.

(30) **뉴욕 주-** PI사업면허가 필요하다. 25세 이상이어야 하고, 보증인 보증금 10,000달러를 제출하고, 시험에 합격하고 3년간 관련 업무경험을 쌓아야 한다(New York Department of State, Licensing Services Division).

(31) 노스캐롤라이나 주– PI기관 면허요구 사항 없음, 개별면허만 필요하다.

(32) 노스다코타 주– 사립탐정 기관 면허가 필요하다 (North Dakota Private Investigation and Security Board).

(33) 오하이오 주– 개인조사 회사 면허가 필요하다. 각 사건에 대해 100만 달러의 책임보험이 있어 야하고 300만 달러의 일반 종합 보험증권(Ohio Private Investigator Security Guard Services)이 있어야 한다.

(34) 오클라마 주– 사설탐정 기관 면허가가 필요하다. 자격을 얻으려면 최소 21세 이상이어야 하며 일반책임보험 가입액이 10만 달러이어야 한다(오클라호마 법집행교육 및 훈련위원회).

(35) 오리건 주– PI기관면허 요구사항 없음; 개별 면허만 필요하다.

(36) 펜실베니아 주– PI면허는 카운티 차원에서 관리된다.

(37) 로드아일랜드 주– PI면허는 카운티 차원에서 관리된다.

(38) **사우스캐롤라이나 주–** 개인조사 사업 면허가 필요하다. 10만 달러의 보증금을 발행하고 관련 업무 경험이 3년이 있어야 한다(South Carolina Law Enforcement Division).

(39) **테네시 주–** 개인조사 회사 면허가 필요하다. 시험에 합격하고 관련 업무 경험 2,000시간 또는 관련 교육 1년(테네시 상공부)을 보유해야 한다.

(40) **텍사스–** 개인보안 면허가 필요하다. 3년의 경력을 갖고 필기시험에 합격해야하며 모든 경우에 대해 최소 200만 달러의 책임보험이 있어야 한다(텍사스 공공안전부, 민간 보안국).

(41) **유타 주–** 사설탐정 기관 면허가 필요하다. 자격을 갖추려면 적어도 500만 달러의 책임보험과 10,000시간의 조사경험이 있어야 한다(Utah Department of Public Safety, 범죄수사국)

(42) **버몬트–** 조사기관 면허가 필요하다.

(43) **버지니아–** 개인 보안서비스 사업면허가 필요하다. 자격을 얻으려면 발생 건당 100만달러 및 총 300만 달러에 대한 일반책임보험이 있어야 하며 민간보안

서비스비즈니스 또는 정부법집행 기관에서 3년간의 관리 또는 감독경험 또는 다음과 같은 요건 중 하나를 충족해야 한다. 그러한 단체(Virginia Department of 형사사법서비스, 면허 및 규제서비스 부서)와의 일반적인 경험.

(44) **워싱턴 주–** 민간조사 기관 면허가 필요하다. 자격을 갖추려면 1만 달러의 PI보증채권을 게시하거나 신체상해 및 재산피해로 각각 2만 5천 달러에 2개의 책임보험을 가입해야 한다. 무장한 면허를 신청할 경우 21세가 되어야 한다(Washington State Department of Licensing).

(45) **웨스트버지니아 주–** 민간조사 기관 면허가 필요하다. 자격을 얻으려면 2,500달러 보증금을 게시하고 다음 요구 사항 중 하나를 충족해야 한다. 적어도 법집행, 형사사법 또는 관련분야의 준학사학위는 PI기관에 3,200시간의 근무경력이 있거나 직업경험 및 교육(West Virginia Secretary of State).

(46) **위스콘시 주–** 사립탐정 기관 면허 필요하다. 100만 달러 채권을 게시하거나 책임보험증서를 이 금액으로 제시해야 한다. 위스콘신은 PI기관 (개인소유)이

> PI업무 (위스콘신 안전 및 전문 서비스부서)에 개입하지 않은 경우 PI기관 소유자가 개인PI면허를 보유할 것을 요구하지 않는다.

현재 5개 주에는 PI 면허요구 사항이 없다.

- 알래스카
- 아이다 호
- 미시시피
- 사우스 다코타
- 와이오밍

Ⅲ. 실 무

1. 탐정의 과정[11]

1 단계: 면허취득을 위한 최소한의 요구사항 충족

모든 개인이 PI가 될 자격이 있는 것은 아니다. 면허에 대한 최소 요구사항은 주마다 다르지만 면허를 취득 할 수 있는 후보자는 특정연령이어야 한다.

기타 최소 면허 요구사항은 후보자가 다음을 수행하도록 요구한다.

- 미국 시민 또는 합법적인 미국 거주자가 되어야 함.
- 고등학교 졸업장 또는 검정고시 증명서가 있어야 함.
- 도덕적인 폭력범죄와 관련된 중범죄 또는 기타 유죄판결을 받지 않아야 함.
- 미군으로부터 명예훼손이 없어야 함.

11) (https://privateinvestigatoredu.org/what-is-a-private-investigator/2018.4.19.최종검색)

2 단계. 교육 및 경험요구사항 충족

주 간의 가장 큰 차이는 교육과 경험에 대한 최소한의 요구사항에 있다. 대부분의 주에서는 PI가 되기 위해 교육을 받을 후보자를 요구하지 않지만 이 분야의 전문가는 형사사법시스템인 법에 대한 실무지식을 얻기 위해 형사사법 또는 관련분야에서 경험 또는 학사학위가 필요하다. 면허취득에 대한 공통 요구사항은 경험인데, 많은 주에서는 후보자가 교육을 경험으로 대체 할 수 있다. 예를 들어, PI가 되기 위한 뉴햄프셔의 최소경험 요건은 4년이지만, 형사사법에 준학사 또는 학사학위를 가진 후보자는 필요한 4년 중 2년 동안 자신의 경험을 대신 할 수 있다. 탐정과 관련된 경험으로는 조정자, 위험 관리자, 클레임 조사관, 회사 보안책임자, 인가된 보안서비스 책임자 또는 연방, 주 또는 지방경찰국의 법집행관 등이다.

3 단계: 면허시험 통과

일부 주에서는 PI로 면허를 취득하기 전에 후보자가 주 시험에 합격해야 한다. 주 법학시험은 대개 주정부 면허를 신청 한 후 취해지며, 그들이 일하는 주마다 특정한 법률 및 절차규약에 따라 후보자를 평가한다. 시험내용은 종종 PI 또는 사설탐정 사업을 운영하는 것과 관련된 규정 및 규칙을 다루고 있다.

4 단계: 필수 총기훈련 완료

PI가 무기 또는 무기를 휴대 할 수 있게 하는 주에서는 후보자는 인증을 얻기 위해 의무적인 총기훈련을 완료해야 한다. 대부분의 주에서는 연방수사국, National Rifle Association, SIG Sauer, Smith &Wesson 또는 인가된 경찰기준 및 훈련협의회 총기강사 학교를 통해 교육을 받는다.

5 단계: 주정부 면허신청

PI로 일할 수 있는 자격을 얻는 마지막 단계는 주 면허 신청이다. 대부분의 경우 응시자는 주정부 면허 및 규제기관에 다음을 제공해야 한다.

- 공증된 신청서

포괄적인 배경조사를 위한 완전한 지문세트

- 개인 및 전문 참조
- 전문적인 경험에 관한 문서
- 교육관련 서류 또는 학위
- 보증인 채권증명(대부분의 주에서는 탐정이 보증금을 10,000 달러 이상 보유해야 한다.)
- 신청수수료, 면허, 지문수수료 및 배경 조사수수료

6 단계: 주정부 면허 유지

PI는 주법에 따라 면허를 갱신해야 하며 대부분의 주에서는 2년마다 갱신해야 한다. PI는 갱신 신청과 함께 최신 배경조사를 받고 주 면허 및 규제기관에 현재 보증인 채권 사본을 제공하여야 한다. 또한 일부 주에서는 면허 갱신을 위한 지속적인 교육이 필요하며 총기인증을 위한 교육이 일반적이다.

2. 탐정실무

1) 합법적 시스템에 포함되지 않는 고객의 요청

이 범주에 속하는 사례유형의 예는 다음과 같다.

- 누락 된 인물 – 고객은 오랫동안 길을 잃은 친구, 돈을 빚진 사람, 가출 배우자 또는 남자 친구와 함께 살기 위해 도시를 방황하는 십대 소녀를 찾고 있을 수 있다.
- 불륜한 것으로 의심되는 경우 – 당신의 의뢰인은 배우자가 불륜을 겪고 있다는 개인적인 이 유로 확인을 원할 수 있다. 당신이 의뢰인이라면 이혼신청을 정당화하기 위해 법정에 출두하라는 증거를 수집하기를 원한다면 이는 합법적인 시스템을 포함하고 있다는 것을 의미한다.

이러한 유형의 과제가 있을 때 고객이 원하는 것을 정확히 알기 위해서는 고객과의 명확하고 직접적인 의사소통이 중요하다.

2) 합법적 시스템과 관련한 사건

이러한 유형의 과제에는 법정 또는 기타 공식적인 법적 절차에서 제시할 증거를 수집하기 위한 조사를 수행해야 한다. PI로 시작하면 가장 흔한 유형의 사례가 될 수 있다. 이러한 경우 당신의 사건에 적용되는 법률을 이해하는 것이 필수적이다.

이러한 유형의 사례를 다루는 고객의 예는 다음과 같다.

- **법률사무소**
- **보험회사**
- **정부 수사 기관**
- **회계사**
- **사기 또는 손실 방지 부서가 있는 사업체**

이러한 유형의 사례에서 고객의 요구를 성공적으로 수행하기 위하여 법이 적용되는 방식을 이해하고 증거의 질적 수준에 의해 결정된다. 예를 들어, 고객이 전화를 걸어 남편이 점심시간에 비서와 바람을 피우는 것이 의심스럽다고 말한다. 불륜사례는 PI의 가장 일반적인 유형 중 하나이다. 그녀는 법원에서 이혼 신청서를 제출할 증거를 수집하기를 원한다.

이 시점에서 당신은 합법적인 혐의를 지지하기 위해 어떤 증거가 필요한지 당신의 주에서 법률을 확인한다. 법률에 따르면 합당한 의심을 가지기 위해서는 관련 당사자가 다음 조건을 모두 충족시켜야 한다.

- 그들은 행동을 취할 수 있는 장소에 있어야 한다.
- 충분한 시간을 가져야 한다.
- 그들은 성향을 파악해야 한다 – 여기에는 수년간 직장에서 전문적인 관계를 맺어 왔기 때문에 주어진 것이다.

법은 또한 가정법원 판사가 이혼소송을 판결한다고 판결한다. 점심시간에 남편과 비서가 호텔로 가서 호텔 방에 들어가는 사진을 찍은 다음, 스냅 사진을 찍어서 45분 후에 호텔 방에서 나온 사진을 찍는다. 사진을 보충 할 활동의 로그북을 보관한다. 해당 법률을 이해함에 있어서의 강점은 귀하가 해야 할 일이 무엇인지를 아는 것이다. 이렇게 하면 많은 시간과 노력을 절약하는 데 도움이 된다.

- 창을 통해 사진을 찍을 필요가 없다.
- 숨겨진 비디오 또는 오디오 장치를 설치할 필요가 없다.
- 남편이나 비서가 남긴 신체적 증거가 필요하지 않다.

- 비서나 남편의 진술이 필요하지 않다.
- 배심원에게 여러 사람을 설득 할 필요는 없다. 당신이 수집한 증거로 판사를 설득 시킬 필요가 있다.

3) 가장 일반적인 사례 해결

이들은 PI가 작업하는 가장 일반적인 경우의 예이며, 이 장에서는 다음 내용을 다룬다.

- **아동 양육 및 방문 조사**
- **서류서비스**
- **내부조사**
- **인터뷰 및 심문기술**
- **잠복근무 및 감시**
- **목표물 추적**

4) 자녀 양육 및 방문 조사

이러한 경우는 PI들에게 커다란 문제이다. 거의 고객을 대신하여 고용한 변호사와 일하게 된다. 자녀양육권 및 방문은 복잡한 법률에 달려 있기 때문에 변호사는 항상 관련되어 있다. 변호사는 법정에서 사건을 이기기 위해 필요한 것이 무엇인지 정확하게 알려줄 수 있다. 당신이 만나는 사람들은 자녀 양육권 소송에서 이해관계가 있는 사람들이 될 것이다; 아버지, 어머니, 조부모, 삼촌, 이모, 형제, 자매 등 아이들은 그림 속에 있기 때문에 그들은 자신의 편을 좋아 보이게 하고 다른 편을 좋지 않게 말하기 쉽다.

또한 이 조사에서 최종보고서는 궁극적으로 법정에 제출할 것임을 기억해야 한다. 고객에게 전문적인 책임이 있다는 것은 사실이다. 특히, 어린이 관련 사건의 경우에는 PI가 사실과 진실을 조사하고 발견 할 책임이 있음을 상기시켜준다. 이를 통해 판사는 관련된 어린이에게 최선의 결정을 내릴 수 있다. 당신이 참여하고 있는 변호사가 관련된 핵심 인물에 대한 기소를 처리 할 것이다. 이웃이나 식료품점 점원과의 인터뷰를 통해 이를 보완 할 수 있다. 감시, 관찰 또한 중요하다.

이것들은 당신이 찾고 있는 것들의 유형이다.

※ 귀하의 목표의 능력과 상태

- 불법약물 사용 또는 처방약물 남용의 증거
- 음주 또는 흡연의 증거
- 건강한 관계 또는 기능장애 관계의 증거
- 범죄행위의 경력, 또는 현재의 범죄행위의 증거

※ 환경안전

- 어린이 환경의 쓰레기 또는 안전하지 않은 조건
- 불안정하거나 안전하지 않은 어린이 환경의 사람들
- 아동학대 또는 아동태만의 존재

※ 현재 법적 가이드라인을 준수하는 범위

- 모든 당사자가 법원의 이전명령 또는 현재 명령을 준수하고 있는 가 ?
- 모든 양육권 서류가 준수되고 있는 가 ?

※ 아이의 현재 복지

- 교사, 코치, 종교공동체 지도자 및 자녀의 부모와의 인터뷰
- 자녀의 학업 성취도에 대한 고려
- 아동의 명시된 선호도

아동 양육권 사건은 가족 구성원 및 친구와의 면담에서 감시 등 전반에 이르기까지 모든 PI 서비스를 포함 할 수 있다. 이 작업을 완료하려면 몇 주 또는 몇 달이 걸릴 수 있다. 마지막으로 노트를 최종보고서로 컴파일하고 증언을 요청할 수 있다.

5) 서류 서비스

프로세스 봉사로 알려진 경우 일반적으로 변호사, 종종 지방검사에 고용된다. 프로세스 제공은 대상자를 찾아 실제 법적서류를 물리적으로 전달하는 것을 포함한다. 법원소환이나 소환장 발부부터 무언가에 대한 법적통보에 이르기까지 다양하다. 말할 필요도 없이 당신의 목표가 당신을 적극적으로 피하려고 시도 할 수도 있다. 실제로, 첫 번째 목표는 실제로 목표를 추적하는 것이다.

일반적으로 목표를 찾은 후에는 반드시 자신의 이름과 생년월일, 고교졸업연도 또는 기타 관련 세부사항과 같은 개인식별 기능을 확인해야 한다. 모든 PI는 위조경품 만들기에서부터 피자배달에 이르기까지 모든 것을 포함하여 이에 대한 자체기술을 가져야 한다. 예를 들어, 초콜릿 회사의 배달원인 척 할 수 있다. 당신은 초콜렛 상자가 있는 배달용 옷을 입고 당신의 표적 문에 도착한다. 그들이 대답하면 당신은 생일이기 때문에 초콜렛을 배달한다고 말하고 목표의 성명을 확인한다. 그들이 생일이 아니라고 말하면 종이를 보고 기록을 섞은 척하고 실제 생일이 언제인지 물을 수 있다. 그 시점에서 당신은 합법적인 서류를 건네주고, 그들에게 서비스가 제공되었다는 것을 알리고 거기서 나와야 한다. 일단 당신이 사무실로 돌아오면 당신은 당신이 목표의 이름과 생년월일을 확인하고 서류가 제공되었다는 상세한 내용의 보고서를 작성한다. 송장과 함께 귀하를 고용한 변호사에게 보고서를 보낸다.

6) 내부조사

대부분의 대기업에는 내부 조사부서가 있다. 감사가 진행되는 동안 제품이나 현금이 상점에서 지속적으로 사라지거나, 직원이 제품을 훔치거나, 오랜 휴식을 취하는 것으로 의심되는 경우 개인 조사관에게 연락한다. 내부 조사를 수행할 때 가장 먼저 할 일은 소유자 또는 관리자와 이야기하여 그들이 왜 당신을 고용했는지 확인하는 것이다. 귀하가 제공 할 수 있는 것에 대한 기대치를 설정하고 조사에 착수하여야 한다.

이것은 다음 중 하나를 의미 할 수 있다.

- **많은 직원인터뷰**
- **인사기록 검토**
- **오래된 보안카메라 영상을 보고**
- **컴퓨터 법의학**
- **감시장비 설치**

당신의 궁극적인 목표는 잘못된 행동을 밝히는 철저한 조사를 실시하는 것이다. 고용주가 직원을 법원에 데려가기로 결정하면 형사 또는 민사상의 혐의를 지지하는 증거를 수집하기 위해 조사에 착수해야 한다. 일반적으로 대상부서의 모든 직원들과 좋은 인터뷰를 수행하여 주요용의자를 파악할 수 있다.

모든 증거를 수집하고 관련 직원진술서를 정리하면 고객에 대한 최종보고서를 작성하게 된다. 향후 직원의 문제를 피하기 위한 권장사항이 포함되어야 한다. 고객이 조사결과를 진행하기로 결정한 방법에 따라 나중에 법정에서 증언을 요청할 수 있다. 이러한 유형의 사례에 지출 할 시간은 상대방이 몇 명이나 통화해야 하는지에 따라 다르다. 80시간에서 120시간의 근무 시간 후에 내부조사를 마무리 할 수 있다. 또한 잠재적인 직원에 대한 심층적인 배경조사를 수행 할 목적으로만 고용되는 것이 일반적이다.

7) 면접 및 개인적인 질문

이는 업무의 중요한 부분이며 궁극적으로는 자신의 신뢰를 얻은 다음 필요한 정보를 얻음으로써 사람들의 마음을 열 수 있는 개인 맞춤기술을 개발하게 된다. 면접 시에는 항상 메모장과 녹음장치를 가져 와서 명시적으로 피사체의 동의를 받았는지 확인하고 기록을 남기도록 해야 한다. 비디오카메라는 신체언어를 전달하기 때문에 더 좋다. 어떤 사람들은 화자이며, 대개 도움이 된다. 얼음을 깨고 인터뷰하는 누군가와 신뢰를 얻는 방법에는 여러 가지가 있으며 일반적으로 공통적인 개인 관심사를 이용하는 방법이 있다. 당신이 자란 곳, 학교에서 갔던 곳과 같은 대답을 이미 알고 있다는 주제질문을 하는 것이 좋다.

8) 잠복근무 및 감시

탐정이라면 이 경험을 할 수 있다. 이 시점까지 주어진 모든 예는 잠재적으로 대상을 오랜 기간 관찰하는 것을 포함 할 수 있다. 당신이 작업 할 수 있는 또 다른 유형의 사례, 즉 사기 사건이 제기 될 수 있는 시기이다. 특히 보험사기 및 이익사기 등 이 경우에는 병가, 장애급여, 보험 및 정부혜택을 주장하는 사람들이 자격을 위장하는 경우가 있다. 이 경우 고객은 보험회사, 고용주 및 정부감사 또는 감독부서가 된다. 이러한 유형의 사례에 대해 적절한 감시를 실시하는 것이 주요활동이다. 잠복근무는 기다리는 게임으로 목표와 인내심을 어렵게 한다. 잠복근무의 가장 큰 법칙은 목표가 당신의 눈에서 벗어나지 말아야 한다.

좋은 감시를 실시하는 데는 폭 넓은 준비가 필요하다. 다음과 같은 기본 사항도 필요하다.

- **쌍안경**
- **메모를 만들 음성 녹음기**

- **백업 노트를 만들기 위한 종이패드와 펜**
- **솔로 작업을 하지 않을 경우 팀과 통신 할 전화 또는 라디오**
- **카메라 또는 비디오카메라**
- **손목시계**

  그것들은 명백하다. 다음과 같은 몇 가지 추가 필수요소가 있다.

- **음식을 충분히 준비하라 - 운전을 끝내기까지 5분 동안은 자리를 떠날 수 없다.**
- **시작하기 전에 충분한 수면을 취하라 - 법원에 당신이 밤새 피사체를 보았다는 것을 증언 할 때, 당신이 증언이 효력이 있을 까 ?**
- **우발사고 계획을 세워 두는 것이 좋다.**
- **차에서 표적을 지키고 있는 경우 휴대전화를 사용하거나 차 문을 열 때 조심해야 한다. 추운 날씨 또는 더운 날씨를 계획해야하므로 엔진을 꺼야 한다.**
- **여분의 현금을 가까이에 두어야 한다.**
- **자동차 배기가스처럼 흡연은 하지 말아야 한다.**

독서, 휴대전화로 게임하기, 다른 입구를 확인하는 것 등 당신을 혼란스럽게 하는 일은 하지 말아야 한다. 당신이 보고 지켜야 할 곳을 명심해야 한다. 대부분의 경우 주차된 차량에서 감시를 실시한다. 주차 할 장소를 선택할 때 당신은 최선의 판단을 사용해야 한다. 이웃이나 경찰이 상황을 확인하기 위해 차량에 접근 할 수 있다. 이런 일이 발생하면 목표물에서 멀리 떨어져 멀리 보이기를 원한다. 참복근무의 궁극적인 목적은 좋은 증거를 수집하는 것임을 기억해야 한다. 이것은 단단한 노트를 가지고 항상 시간을 표시하는 것을 의미한다. 감시대상이 다른 알려지지 않은 사람과 접촉 할 때 각 사람에 대한 세부 정보를 기록해 두어야 한다. 당신이 필요로 하는 증거가 있거나 당신이 조사를 하고 증거가 부족하다는 사실을 알았을 때 당신의 임무는 완수된다. 사무실에서 보고서를 작성하여 고객에게 보낸다. 그들은 추가 감시가 필요한지 결정할 것이다. 당신이 관찰 한 것에 대해 법정에서 증언하기 위해 소집 될 수 있다. 필요에 따라 잠복은 몇 시간에서 며칠까지 지속될 수 있다.

9) 목표물 추적(차량추적)

통계적으로 이것은 PI로 해야 할 가장 위험한 활동 중 하나이다. 주행이 본질적으로 위험하기 때문에, 당신이 목표물을 응시하고 있을 때 산만해지는 것에 대해 주의해야 한다. 당신의 차량으로 누군가를 따라가는 것은 일종의 감시로 생각할 수 있다. 그러나 핸즈프리가 되도록 필수도구를 준비한다.

- **기가바이트의 메모리가 있는 디지털 음성레코더 또는 음성인식레코더**
- **대시 마운트 비디오카메라**
- **휴대 전화용 블루투스**

마지막으로 운전에 많은 관심을 기울여야 한다. 목표에서 멀리가지 말고, 목표에 너무 가까이 있지 않도록 주의를 기울여야 한다. 다음은 몇 가지 정보이다.

- 차량 내부와 일치하는 옷을 입어야 한다.
- 착색 한 창문이 달린 차량을 사용한다.
- 적어도 일정한 거리를 유지해야 한다.
- 목표의 후사경 시야에서 벗어나지 않도록 한다.
- 가능한 짧은 신호등이나 여러 차례의 차선을 신속하게 변경해야하는 곳을 위해 미리 운전할 경로를 살펴야 한다.

목표물 추적에 차이가 있다. 지하철이나 경전철로 더 큰 도시에 살고 있다면 사전에 계획을 세워야하며 사전에 적절한 티켓을 사야한다.

10) 사립 탐정이 할 수없는 것[12)]

(1) 면허없이 운영(해당 주에서 필요한 경우)

일부 주에서는 PI에 대한 광범위한 면허법을 보유하고 있다. 예를 들어, 캘리포니아 주에서는 수사관이 3년 동안 면허조사관을 통해 6,000시간의 유급조사 작업을 완료해야하며 (관련된 고급학위 및 법 집행 배경에 따라 더 짧은 시간동안 더 적은 시간 동안) 지문을 얻고, 신청서를 제출하고 허가받은 PI로 일하기 전에 캘리포니아 PI 검사에 합격해야 한다.

(2) 명의도용 법 집행

대부분의 주에서 PI는 배지를 소지하거나 제복을 입을 수 없으며 경찰관 또는 연방공무원임을 암시 할 수 있는 로고나 문구를 사용할 수 없다. 이것은 PI가 개인을 호도하여 정부기관과의 관계를 맺지 못하게 한다. 경우에 따라 PI는 본인임을 나타내는 배지와 유니폼을 착용하며 현지 법집행 기관이나 연방공무원과 함께 작업하는 경우도 종종 있다.

12) 주에 따라 민간 조사관은 일반적으로 다음을 할 수 없다.

(3) 법 위반

PI가 정보를 얻을 수 있는 방법 및 조사기법 이외에도 개인 재산침해, 뇌물 수수, 해킹, 프리 텍스 팅(자신이 얻으려는 기록을 가진 개인의 명의를 도용) 또는 다른 속임수를 사용해서는 안 된다. 정보를 얻는 방법, 그리고 고객이나 조사목적을 대신하여 법을 위반할 수는 없다.

(4) 비윤리적 업무에 참여

비윤리적 실행은 개인을 위험에 빠뜨리거나 비조사목적의 정보를 얻거나 파렴치한 방법을 사용하는 것을 포함한다. 한 가지 예는 개인의 위치를 파악하고 그 사람의 정보를 스토커나 그 사람의 안전을 위험에 처할 수 있는 사람에게 제공하는 것이다. 또 다른 한 가지는 수사 이외의 개인목적을 위해 동급생이나 친구에 대한 정보를 찾는 것이다.

(5) 침입

PI는 침입과 진입을 포함하여 불법적인 수단을 통해 재산, 주택 또는 건물에 들어갈 수 없다. 무단침입에 대한 법은 주마다 다르지만 일부 관할지역에서는 조사관이 부동산에 입장하기 전에 소유자의 허락을 받아야 한다. 일리노이주에 있는 일부 PI는 법적인 문서를 제공하는 프로세스서버로 일하면 침입하는 법에 대해 면제가 허용된다.

(6) 동의 없이 집이나 사업장에 들어가는 것

PI는 동의 없이 거주지나 사업체에 들어갈 수 없으며, 떠나라는 질문에 즉시 그렇게 해야 한다. 이것에 맞추어 내부로 들어가기 위해 강제진입이나 자물쇠 따기를 할 수 없다.

(7) 메일변조

다른 사람의 메일을 변조하거나 열거나 파기하는 것은 연방범죄이다.

(8) 동의 없는 전화도청

연방법에 따르면 PI는 주에 따라 개인 중 적어도 한 사람의 동의 없이 도청을 하거나 전화 대화를 모니터링 할 수 없다. 미국의 38개 주와 콜롬비아 특별구는 한 쪽 당사자가 대화 녹음에 동의하도록 요구하는 법령을 가지고 있으며 나머지 12개 주에서는 녹음에 관련된 모든 개인의 동의를 요구한다. 합법적으로 전화를 걸려면 영장이 필요하며 지역 또는 연방법률을 위반하지 않으려면 PI는 때때로 지역경찰과 협력해야 한다.

(9) 집의 창문을 통한 촬영

PI는 일반적으로 공공장소에서 일어나는 교류와 상호작용을 촬영할 수 있지만 열린 창문을 통해 사유재산의 내부를 촬영할 수는 없다.

(10) 당사자의 인식 없는 대화녹음

관할권에 따라 합법적으로 대화를 녹음하기 위해서는 최소한 한 사람의 당사자가 녹음되어 있다는 것을 알고 있어야 한다. 일부 주에서는 양측에 미리 통지해야 한다. 그러나 PI는 공개적으로 또는 자연스럽게 소리를 들을 수 있는 대화를 도청 할 수 있다.

(11) 동의 없이 차량에 GPS장착

GPS추적기는 소유자의 동의하에만 차량에 설치할 수 있다. 예를 들어, 남편이 아내가 운전하는 자동차에 추적기 달기를 원한다면 그렇게 할 수 있다. 고용주는 직원의 개인차량에 GPS 추적기를 설치할 수는 없지만 적절한 단계를 거친 회사소유 차량에 추적기를 배치 할 수 있다.

(12) 소셜미디어 또는 전자메일 계정 해킹

일부탐정은 사진이 게시되었을 때와 그 당시의 위치에서 데이터를 가져 오는 것과 같이 프로필에 대한 정보에 접근할 수 있는 소프트웨어를 가지고 있지만 개인조사자는 다른 사람의 소셜미디어 계정에 대한 접근을 시도하지 않는다 .

(13) 신용조사 실행

신용보고서는 개인정보로 간주되므로 개인조사자는 신용조사를 실행하기 위해 개인의 서면동의서를 받아야 한다. 승인된 동의가 있는 경우 PI는 신용조사를 실행하기 전에 합법적인 목적을 가지고 있어야 한다.

(14) 동의 또는 합법적 목적 없이 보호된 정보 얻기

소환장을 요구하는 데 도움이 될 수 있는 정보의 위치를 알 수 있지만 개인조사관은 개인 또는 소환장의 동의 없이 연방 또는 주 보호 정보를 얻을 수 없다. 이러한 제한 사항은 다음을 포함하여 다양한 문서에 적용된다.

- **은행계좌**

PI는 특정 개인과 관련된 은행계좌의 위치를 식별 할 수 있지만 이러한 계좌에 대한 특정 정보에 대한 접근권한은 없다. 그들이 계좌보유자의 허가를 받지 않은 한 PI는 파일에 합법적으로 접근하기 위한 법원명령과 같은 정식요구를 받아야 한다.

- **재무기록**

거래내역과 같은 계정별 정보는 법원명령이나 카드 또는 계정소유자의 허가 없이는 얻을 수 없다.

- **전화기록**

합법적인 조사방법을 통해 PI는 특정 전화번호와 관련된 운송인이나 사람을 찾을 수 있지만 전화기록은 사적으로 간주되어 연방법 및 주법에 의해 보호되기 때문에 PI는 법원 명령 없이 해당 기록을 얻을 수 없다.

(15) 법적체포

미국에서는 PI는 체포 할 수 있는 권한이 없다. 일부 주에서는 PI가 특정 체포를 서면으로 동의해야 하지만 다른 관할지에서는 개인이 대중을 위험에 처하게 하거나 연방범죄를 목격하는 경우에만 시민의 체포를 허용한다. 시민들의 체포는 수사분야에서는 거의 없다. 일부 주에서는 특수사정에 따라 PI가 체포영장을 발부 할 수 있다.

(16) 영장 없이 휴대전화 기록 얻기

PI는 기록을 보유한 개인의 영장이나 동의 없이 휴대 전화 기록에 접근 할 수 없다. 대부분의 경우 PI는 다른 방법을 통해 비교 가능한 증거를 얻을 수 있다.(https://www.pinow.com/articles/456/what-a-private-investigator-cannot-do 2018/6/2최종검색)

3. 감시의 기초 및 기술

1) 감시의 기초

(1) PI 감시의 기본

감시는 분실자부터 보험사기, 절도 및 기물 파손, 부모가 자녀 양육권 또는 결혼 불건전을 입증하기 위한 방문권을 갖기에 적합한지 여부를 결정하는 모든 종류의 다양한 사례를 다루는 작업이다.

그것은 사람, 장소 또는 물건을 가깝고 세밀하게 관찰하여 사례를 작성하는 데 사용할 수 있는 사실을 수집하는 것이다. 즉, 반복적으로 누군가가 그것을 숨기고 있는지, 휴식을 취하고 있는지 알아보기 위해 상점을 지켜보는 것이다. 또는 다리부상으로 보험기금을 신청 한 사람을 보고 그들이 기적적으로 일어나서 달리기를 시작하는지 확인해야 한다. 사실상 모든 경우에 기술은 범죄나 범죄에 대한 이야기를 하는 정보를 수집하고 문서화하는 PI 능력을 향상시킴으로써 업무를 완수하는 데 중요한 역할을 한다. 현재 사용할 수 있는 기술은 벼룩크기의 마이크로 버그, 광섬유 줄기가 있는 핀홀 카메라, 용의자가 보이지 않는 스텔스드론, 그리고 모든 움직임을 추적한다. 대상에 대해 시선을 모으고 증거를 수집하는 데 오랜 시간이 걸려 왔지만, 감시에 대한 기본 접근방식은 수십 년 동안 상당히 정적이었다.

(2) 소셜미디어

PI가 사용하는 감시기술의 가장 중요한 부분은 컴퓨터이다. 노련한 PI는 대부분의 감시 작업의 핵심이 실제로 사전 감시 작업이라는 것을 알고 있기 때문에 피사체의 집이나 회사의 올바른 주소를 얻는 것과 자동차의 모델, 가능성 있는 활동과 목적지에 대한 정보를 얻는다. 한 시간 동안 소셜미디어 계정을 살피고 Google 지도에서 거리뷰를 확인하면 사례를 얻기에 충분한 정보를 얻을 수 있으며 증거자료를 수집하기도 한다.

(3) 시각감시 및 문서화

모든 감시업무에 사용되는 가장 기본적인 기술은 디지털 비디오 카메라이다. 최신 캠코더는 작고 쉽게 은폐 할 수 있지만 수십 시간 분량의 영상을 저장할 수 있으며 긴 배터리 수명과 놀라운 줌 기능을 갖추고 있다.

선명한 사진은 거의 법정에서 증거로 제출된다. 자동 타임 스탬프를 사용하면 많은 메모를 작성할 필요가 없다. 다른 비즈니스와 마찬가지로 PI 작업은 고객에게 자신이 원하는 것을 제공하는 것이다. 디지털 포맷의 편리함은 고객의 손에 있는 증거를 신속하게 얻는 데 큰 도움이 된다. 레스토랑이나 사무실 건물에서 캠코더를 꺼내는 것은 많은 역할을 수행할 수 있다. 단추, 블루투스 헤드셋 또는 작고 유연

한 광섬유 줄기로 위장하여 거의 모든 곳에서 숨길 수 있다. 스마트폰은 고품질의 비디오와 사진을 제공할 수 있다. 일반카메라가 원치 않는 관심을 끌 수 있는 반면에 스마트폰을 일반인에게 공개하면 아무도 의심하지 않는다.

또한, 최대 줌이 격리 된 피사체를 볼 수 있는 유일한 방법이기도 하다. 뚱뚱한 줌 렌즈가 장착된 SLR은 여전히 조사대상을 선명하고 장시간 촬영할 수 있는 가장 좋은 방법이다. 삼각대는 간단하고 효과적인 도구이다. 신축성 있는 소재로 제작된 새로운 소형모델은 꾸준한 플랫폼을 위해 난간 또는 가벼운 포스트 주변에서 몇 시간 동안 커버하거나 비틀어 대시 보드에서 카메라를 지지하는 데 적합하다. 보안카메라의 형태로 고정된 비디오는 고정된 장소를 감시 할 때도 유용 할 수 있다. 이 기본기술은 공공장소 또는 허가를 받은 사업을 모니터링 할 때 여전히 사용되고 있다.

(4) 오디오 증거 수집 및 도청

오디오 녹음은 필요한 증거를 얻을 수 있는 중요한 방법이기도 한다. 일부 주에서는 녹음된 모든 당사자에게 정보를 제공하고 동의를 해야 하기 때문에 오디오 감시에 주의해야 한다. 비디오감시를 수행 할 때에도 이 규칙을 명심해야 한다. 비디오 기록은 기본적으로 오디오를 녹음하며, 너무 멀리 떨어져서 문제가 되지는 않지만, 경우에 따라 마이

크가 실수로 피사체를 포착 할 수 있다. 엄격한 양자 간 오디오 녹음 동의 법률이 적용되는 주에서 조사를 수행하는 경우, 스스로에게 유리하게 사용하고 전적으로 사용을 중지해야 한다.

(5) 감시 및 추적

감시를 위해, 자동차 창문에 약간의 색조를 넣을 수 있다. 일부 PI는 밴 또는 미니 밴을 선호하는데, 이는 정적인 감시에 대해 일정한 양의 정보를 만들어 낼 수 있다.
운전을 결정할 때마다 감시장비에 대한 필요한 공간을 확보해야 한다. 물론, 누군가를 따라 다니는 것이 가장 쉽다. 작고 가끔씩 자성이 있는 배터리 구동식 추적장치는 대상차량에 쉽게 숨길 수 있다. 보다 정교한 모델을 장기간 작업을 위해서는 전기 시스템에 바로 연결할 수 있다.

2) 감시의 기술

(1) 감시기술 사용

일반적으로 PI는 Mark I 안구 및 고품질 비디오카메라를 사용하여 필요한 증거를 얻는다. 부정한 배우자를 확인하기 위해 안전한 콘도건물에 들어갈 수도 있다. 이 경우 모두 현대적인 감시기술이 뒷받침 된다.

(2) 숨겨진 카메라

PI가 창의력을 발휘해야 하는 보다 일반적인 영역 중 하나는 사기 또는 국내 사례조사에서 종종 필요한 것처럼 기업이나 가정에서 잘 알려진 영역을 모니터링하는 것이다. 이 경우 비디오 녹화는 매우 중요하다. nanny cams는 이 문제에 대한 하나의 해답이다. 곰인형 또는 다른 모양의 인형으로 위장한 이러한 유형의 장치는 보육원에서 잘 작동하지만 사무실에서는 그렇지 않다. 다른 모델은 사무실 환경에서 흔히 볼 수 있는 시계, 공기청정기 또는 전원 스트립으로 위장되어 있다.

그러나, 숨겨진 카메라는 당신이 가리키는 것을 볼 뿐이다. 유연성이 없으며 대상이 다른 곳으로 이동하면 주제를 놓쳐버린다. 착용식 숨겨진 카메라를 설치한다. 모자, 펜, 블루투스 헤드셋 또는 안경으로 위장된 이 카메라는 피사체 흔적을 남기면서 실시간으로 HD 화질의 비디오 또는 스냅샷을 수집 할 수 있다. 어떤 시계는 방수 기능이 있으며 한 번의 충전으로 2시간 1080p의 비디오를 찍을 수 있으며 근적외선 센서를 갖추고 있어 오디오를 캡처 할 수 있다.

지상에서 내려오는 또 다른 웨어러블 카메라 유형은 똑똑한 안경이다. Google의 Glass에 의해 대중화 된 이 컴퓨터화된 인터넷 연결장치는 현대 조사작업에서 가장 중요한 두 요소인 인터넷 및 비디오 녹화기능을 결합하여 PI 감시작업을 혁신적으로 만들 수 있다. Glass는 꽤 분명하지만(더 이상 제작되지는 않는다.) Epiphany와 같은 다른 스마트 안경 모델은 정기적인 안경처럼 보이며 관심을 끌지 않는다. 스파이워치처럼 요즘에는 많은 카메라에 내장되어 있다. 하지만 가끔 볼 수 있고 기록하지 않아도 되는 경우가 있다. 야간 투시 쌍안경이 들어오는 곳이 바로 그것이다.

(3) 듣기

모든 PI는 주정부 및 연방도청법에 쉽게 위배 될 수 있는 오디오 녹음에 대해 주의 깊게 살펴야한다. 하지만 때로는 사실을 알기 위해 녹음을 해야 한다. 그 "권총 모양의 손잡이, 스냅 식 파라볼라 안테나(헤드폰과 녹음 출력 잭)는 300야드의 속삭임을 들려준다. 이것은 두 명의 불법적인 연인들 사이에 속삭이는 표정을 들을 수 있다. 그리고 조금 덜 눈에 띄는 것이 필요한 경우 스텔스 3D 전술 귀에서 부스트를 얻을 수 있다. 11x 앰프는 보청기처럼 보이지만 모든 방향에서 신호 감쇄 노이즈를 증폭시킨다.

때로는 피실험자가 직접전화로 이야기하는 것이 쉽다. 이 경우 스마트폰은 유용한 도구이다. 아이폰 또는 안드로이드에서 자동으로 전화를 걸 수 있는 수십 가지 앱을 사용할 수 있다. Google 보이스는 어느 플랫폼에서나 무료로 사용할 수 있다. 30초마다 소리가 나지 않는 버전을 설치해야 한다. 스마트폰은 대면 녹음을 위한 최고의 최신 바디 와이어로도 작동한다. 모두가 기록 할 수 있다는 것을 알고 있지만 모두가 가지고 있다. 주머니에 넣고 걸어 다니는 것이 의심스럽지 않다. 심지어 경찰관들도 구식 바디마이크에 의존하는 대신 이 방향으로 나아가고 있다. Tag5 Industries의 Phantom은 아이폰을 암호화된 방송장치로 바꾸어 기록할뿐만 아니라 다른 곳에서 대화를 모니터링 하는 사람에게 인터넷을 통해 오디오를 보낼 수 있다.

(4) GPS 추적기

지역방송 비컨 또는 인터넷 연결서비스를 갖춘 최신 GPS 퍽은 몇 주 동안 지속될 수 있으며 전 세계 어느 곳에서나 지도에서 원하는 대로 표적을 표시 할 수 있다. 5 "x3"크기의 견고한 작은 퍽은 차량 내부나 자성 홀더가 있는 프레임에 은폐 될 수 있다. 실제로는 감지 할 수 없다. PGPTX5는 자동차 전기시스템에 하드와이어 되어 있으므로 자동차가 작동하는 한 작동한다.

GPSTPro와 같은 많은 추적기에는 셀룰러 비용을 충당하는 가입서비스가 제공되며 기록 트랙을 저장하고 속도 제한 트리거를 설정하는 등 추가 기능이 추가되어 피사체가 어딘가에 급히 가는지 알 수 있다. GPSTPro를 사용하면 전자지오펜스 경계선을 만들 수 있다.

(5) 전자증거 수집

키 로거는 일반적으로 해커가 은행 계좌 정보나 비밀번호를 스누핑하는데 사용되지만 PI는 'em'을 사용하여 진술이나 기타 디지털 증거를 찾는다. 키보드 케이블에 물리적으로 연결되는 하드웨어 위젯 형태로 계속 찾을 수는 있지만 더 많은 키보드가 무선으로 갈수록 키보드 위젯은 쉽게 감지되고 비효율적이다. Ultimate Keylogger와 같은 소프트웨어 버전은 대상 컴퓨터에 몰래 설치할 수 있으며 모든 것을 캡처하여 전자 메일이나 FTP를 통해 직접 보낼 수 있다. 단순한 키 스트로크 이상을 필요로 하는 경우 다른 스파이웨어도 더욱 강력하고 설치하기 쉽다. 스텔스 USB스틱은 열려있는 모든 USB 포트에 삽입 할 수 있어 문서를 소총, 스크린 샷 찍기, 채팅세션 모니터링 등과 같은 소프트웨어를 신속하고 비밀리에 삭제할 수 있다. 물론 USB 스틱을 사용하면 PC에서 모든 것을 빠르게 복사하여 나중에 여유있게 조사 할 수 있다. 그러나 당신의 감시노력이 법률 범위 내에서 유지되도록 해야 한다.

4. 훈련 및 교육[13]

1) 탐정에 대한 훈련

훈련은 성공을 성취하기 위해 다양한 분야의 기술을 요구하기 때문에 PI의 경력에 없어서는 안 될 중요한 요소이다. 많은 주에서는 주법 및 법령, 법적절차 및 정의 및 법원시스템과 관련된 주제를 포함하는 주 시험을 성공적으로 완료하기 위한 면허를 취득 할 후보자가 필요하다. PI에 대한 주 시험은 일반적으로 다음 주제에 대한 후보자의 지식을 평가한다.

- **주법**
- **연방법률**
- **법원시스템**
- **법적절차 및 정당한 절차**
- **법적 개인정 보호 요구사항**
- **형법 및 민법**
- **감시, 조사 및 인터뷰**
- **보고서 작성을 포함한 문서화**
- **조사유형**

13) (https://privateinvestigatoredu.org/what-is-a-private-investigator/2018.4.19.최종검색)

이 시험의 복잡성과 다루는 정보의 양이 매우 크기 때문에 개인이 면허시험을 치르기 전에 주에서 승인된 기본 교육과정을 완료하는 것이 일반적이다. 면허취득을 위한 요구사항은 아니지만, 이 프로그램은 개인조사 경력에 필수적인 지식을 습득 할 수 있는 좋은 방법 일 뿐만 아니라 주 시험 준비를 위한 훌륭한 방법이다.

일부학교는 학생들이 주의 PI 시험을 준비 할 수 있도록 특별히 고안된 사설조사에서 40시간의 교육과정을 제공한다. 일부 주에서는 PI으로 면허를 신청하기 전에 실제로 후보자에게 훈련프로그램을 완료하도록 요구한다. 여기에는 탐정 분야에 대한 소개를 제공하는 60시간 초급수준의 훈련 프로그램이 포함될 수 있다.

이 교육 프로그램의 커리큘럼에는 다음이 포함될 수 있다.

- **윤리학**
- **개인보안과 관련된 주 코드 및 규정**
- **헌법, 민법, 형법**
- **일반적인 조사기법**

추가 기술교육이 필요할 수 있다.

- **총기훈련**
- **치명적이지 않은 무기**

- **운전유도**
- **체포절차**
- **감시 및 감시장비**
- **증거수집**
- **조사 및 법적 절차**
- **강제법률 및 코드 사용**
- **체포절차**

강제법규 및 규칙사용 교육

치명적이지 않은 무기와 총기를 휴대하려는 경우 이 훈련을 의무적으로 고려해야 한다. PI로서 당신은 주로 자기 방어수단으로 무력을 사용하는 것에 관심이 있을 수 있다. 당신이 사용하는 힘은 당신이 감지하는 위협과 비슷하거나 그보다 크지 않아야 한다.

- **구두** – 누군가에게 당신을 만지지 말라고 경고한다.
- **빈손 제압 기법** – 상처 입을 가능성이 낮은 무기가 없는 통증 수반 기술 또는 기타 통제 전술을 사용한다.
- **적극적인 대응 기술** – 킥, 펀치, 스프레이, tasers 및 기타 적절한 방법으로 부드러운 조직손상, 뼈가 부러 지거나 점막이 자극 될 수 있는 방법을 사용한다.
- **무기의 중간 사용** – 이것은 연조직 손상 및 뼈의 손상 가능성이 높은 무기 사용을 포함하며 배턴, 고무총알,

산탄총을 위한 주머니 라운드, 개를 포함한다.

- **치명적인 사용** – 이것은 심각한 신체 상해 또는 사망을 일으킬 가능성이 높은 무기의 사용을 포함하며 총기사용 또는 무기로의 차량사용을 포함한다. 머리, 목 또는 척추에 중급무기를 사용할 수도 있다.

당신은 합법적으로 자기방어 이외의 사람을 강요 할 수 있는 몇 가지 상황에서 자신을 발견하게 될 것이다. 무력을 사용하는 것은 여전히 당신이 소속된 관할 법에 크게 좌우된다.

(1) 체포절차

일반적이지는 않지만 시민들의 체포를 허용하거나 신체적으로 대상을 억류 할 수 있는 상황에 처할 수 있다. 이 영역에서 합법적으로 허용되는 것은 귀하가 운영하는 관할지역의 법에 크게 의존하므로 당신이 거주하는 주의 법적환경을 잘 알고 있는지 확인해야 한다. 공공연수원은 종종 경찰과학이나 법집행 과정을 제공하는 대학과 함께 체포절차 교육을 제공한다. 실연 및 실습은 교육과정의 일부이다.

체포절차 교육에서 다루는 주제는 다음과 같다.

- **명령제공**
- **수갑채우기 기술 및 방법**

- **통증 수반과 다른 기술의 사용**
- **무기로 용의자 무력화**
- **수색절차**
- **안전**

(2) 총기훈련

일부 주에서는 PI는 권총이나 기타 총기류를 휴대 할 수 있다. 해당 지역의 법률에 따라 주에서 승인한 프로그램을 통해 필수 총기훈련을 완료해야 할 수도 있다. 예를 들어, 조지아의 PI는 숨은 무기면허를 얻기 위해 훈련 아카데미를 통해 교육을 완료해야 한다. 일부 주에서는 PI와 시민이 서로 다른 종류의 총기류를 휴대 할 수 있도록 허가를 받는다.

① 권총, ② 산탄총과 다른 장 총.

사전 허가과정을 요구하는 주에서 산탄총을 운반하는 훈련은 일반적으로 교실에서 2시간, 사격장에서 예습을 거친다. 훈련과정에서는 다음에 대해 배우게 된다.

- **펌프액션 및 자체로드 샷건**
- **샷건 구성 요소**
- **산탄총 탄약**
- **샷 셸 구성 요소**
- **침투 및 보급**
- **발사 위치 및 안전성**

예비 면허교육이 필요한 주에서 권총을 휴대 할 수 있는 자격을 갖추려면 권총 안전과정을 완료하고 필기시험에 합격하고 다음 주제를 다루는 교실 수업을 받아야 할 수 있다.

- **치명적인 힘의 사용**
- **탄도 - 궤적, 과도한 침투 및 활주**
- **권총유지 관리**
- **자세, 그립, 시야조정 및 안전**

(3) 비 치명적 무기 훈련

PI가 고추스프레이, 바톤 및 tasers와 같은 치명적이지 않은 도구를 사용하는 것은 일반적이다. 이러한 장치에 관한 규정은 주마다 다르며 법에 의해 설명 될 때 모호 할 수 있다.

대개 PI가 일반적으로 무력을 사용할 수 있는 시기에 관한 법은 모호하지 않다. 관할구역의 PI 규정에 따라 무력 사용규정의 일반적인 사용여부와 치명적이지 않은 무기 규정여부를 결정해야 한다. 실용적인 측면에서 적절한 훈련은 무기를 효과적으로 사용할 준비를 하고 자신의 장치가 자신에게 사용되는 상황에 처하지 않도록 도와준다.

① 페퍼스프레이, 메이스 및 고추스프레이

이 세 가지 일반적인 이름으로 알려진 후추 스프레이를

사용하여 연습 한 적이 있다면 우연히 스프레이를 하거나 손에 약간 묻힌 다음 눈을 문지르면 된다.

페퍼스프레이는 여러 가지 형태로 제공된다. 그것의 힘은 함유된 oleoresin capsicum (OC)의 백분율로 측정되며 칠리 페퍼 계열의 식물에서 추출한 천연 유도체이다. 상업적으로 사용 가능한 고추 스프레이는 약 0.18 %의 OC에서 시작된다. 법집행 등급 고추스프레이는 1 ~ 2 퍼센트의 OC 수준을 포함한다. Wisconsin과 Michigan 같은 일부 주에서는 최대 허용 OC 비율을 제한한다. 교육은 어떤 유형의 후추 스프레이가 귀하가 직면하게 될 상황에 적합한 모든 적용 가능한 법률을 포함 할 것이다. 후추 스프레이의 변형은 페인트 볼을 분사하는 페인트 볼 총과 유사하게 압축 공기를 사용하여 총에서 발사되는 후추 공이다. 위험한 발사체라는 사실은 당신의 관할구역에서 이러한 장치를 휴대 할 수 있다면 더 엄격한 규정과 더 많은 교육 요구 사항을 접하게 된다는 것을 의미한다.

② 테이져 총과 전기충격기

Tasers는 일반적으로 전선이 부착된 전극을 대상에 발사하여 감전을 일으키는 총으로 이해하면 된다. 스턴 총(stun gun)은 가까운 거리에서 목표물을 향해 밀려 나오는 돌출 전극이 있는 헬드장치이다.

후추 스프레이처럼, 이 장치 중 하나를 사용하면 실수로 자신에게 충격을 줄 수 있다. 그리고 고추 스프레이와 마찬가지로, 주가 tasers를 소지 한 PI에 대해 교육 요구사항을 갖고 있거나 심지어는 모두 금지하는 것은 흔히 있다. 예를 들어, 뉴욕 주, 하와이 주, 뉴저지 주, 로드아일랜드 주 및 매사추세츠 주는 경찰만 tasers를 휴대 할 수 있다. tasers와 관련된 많은 사망자가 있었다. 훈련은 근거리에서 사용되는 휴대용 장치이기 때문에 더욱 중요하다. tasers 및 전기총에 의해 전달되는 높은 전압은 영향을 받는 영역에서 통증과 자발적인 근육조절의 손실이라는 두 가지 효과가 있다. 교육을 통해 이러한 각 측면을 어떻게 활용할 수 있는지 파악할 수 있다.

③ 단장(지휘봉), 경찰봉 및 야경봉

최선의 시나리오에서는 이러한 도구를 사용하여 누군가를 공격하기 전에 두 번 생각하게 하고, 최악의 경우에는 직접 손으로 직접 자기방어로 사용된다. 모든 근접 전투 무기와 마찬가지로 이들은 대결에서 효과적인 차이를 만들 수 있으며 제대로 훈련되는 경우 동등하게 효과적으로 사용할 수 있다. 교육은 이러한 기본적이고도 입증된 도구로 방어기술과 자세에 중점을 둔다. 이러한 사물을 사용하는 것은 당신의 관할지역에서 법을 아는 것이 중요하다. 예를 들어, 캘리포니아의 PI는 배턴이나 다른 유사한 무기를 휴대 할 수 없다. 이것들은 본질적으로 손에서 손으로 방어하는 무기이기 때문에 훈련은 목표물이 공격적으로 변할 수 있는 모든 가능한 시나리오를 거치는 광범위한 범위의 스파링을 포함한다.

(4) 추적과 회피적 운전

PI로 자신을 발견 할 수 있는 상황이 어떤 것인지 결코 알 수 없으므로 필요할 때보다 더 많은 기술을 개발하는 것이 좋다. 추적과 회피운전은 당신이 습득 할 수 있는 가장 중요한 유형의 훈련 중 하나이며, 문자 그대로 삶과 죽음의 차이를 만들 수 있다. 각기 다른 기술에 대해 교실에서 최소한 하루는 이러한 기동의 메커니즘을 배우고 공석 또는 3일간의 코스에서 그들을 실습하게 된다.

- **장애물 코스**
- **전방 180도 회전**
- **180도 회전 반전**
- **스키드 제어 및 제동 조작**
- **고속기동**
- **비상회전 및 제동**
- **접촉운전**
- **PIT (정밀 고정 기술) 기동**
- **역 PIT기동**
- **전술차량 및 바리케이드 래밍, 정방향 및 역방향**
- **고속차량 밀기**
- **차량대피**

(5) 감시 및 감시장비

오늘날에는 그 어느 때보다 많은 감시장치가 있다. 그러나 다양한 선택이 감시의 기본이 바뀌었음을 의미하지 않는다. PI로서 경력을 통해 감시를 실시하는 데 수많은 시간을 할애 할 것이다. 이 권리를 잘 이해하는 것이 성공과 실패의 차이를 만든다. 여러 유형의 도구에 대해 구체적으로 살펴보기 전에 감시교육은 법정에서 사용하기 위한 증거 모음을 둘러싼 이론과 실용성을 다룬다. 또한 모든 관련 법률에 대해 배우게 된다. 감시훈련은 오늘날의 필수적 수단으로 효과적으로 활용하는 방법을 다룬다.

카메라 및 비디오 레코더 :

- **은밀한 사진 및 녹음**
- **정적 및 사진이동 및 기록**
- **밤 사진과 녹음**
- **줌렌즈**
- **디지털데이터 및 타임스탬프**
- **복잡한계량 및 조명조건**
- **노출, 조리개 및 초점거리**

GPS 시스템 :

- **위성 차량 추적**

- 모바일 차량 데이터 시스템
- GPS 추적의 법적 측면
- 추적 장치 부착 및 은폐

은밀한 통신 시스템 :

- 양방향 라디오 (무전)
- 암호화 된 휴대 전화 통신
- 야간 통신 장비

감시의 다른 응용 분야 :

- 발 및 모바일 감시
- 대중교통 감시
- 차량감시
- 고정감시
- 감시 및 감시회피 방지

(6) 수사 및 법률 교육

PI는 잠재적으로 풍부한 정보에 접근 할 수 있다. 적절한 훈련을 받으면 업무를 이해하는 데 도움이 된다.

- 체포보고서를 찾는 방법
- 부검기록 및 보고서를 찾는 방법
- 은행 및 세금기록을 얻는 방법

- **사업면허에 관한 정보를 얻는 방법**
- **법원 소송절차 비디오영상 및 오디오녹음 사본에 접근하는 방법**
- **학교 캠퍼스에서 저질러진 범죄에 대한 정보를 얻는 방법**
- **법원기록에 접근하는 방법**
- **소유권 타이틀 및 증서에 관한 정보를 얻는 방법**
- **FOIA 요청 방법 (정보공개법)**

이 절차에 대한 교육은 각 관할마다 자체절차가 있으므로 각 주마다 다르다. 법적인 서류를 제출하는 과정에서 도움될 만한 교육을 받을 수도 있지만, 그렇게 해야 하는 사례를 다루는 경우, 잘 이해해야 하는 변호사와 함께 일할 가능성이 있다.

(7) 증거수집

PI의 증거수집을 범죄 현장조사관이 수집 한 내용과 혼동하지 말아야 한다. PI는 일반적으로 법의학 기술자로 일하지 않는다. 실제로 활동 중인 범죄현장에 침입하게 되면 증거를 통한 조작과 정의의 방해와 같은 혐의에 처할 수 있다. PI는 일반적으로 변호사의 지시에 따라 사례를 뒷받침하는 법적증거를 수집한다. 예를 들어, 감시를 통해 보험사기의 증거를 수집하거나 사람들을 인터뷰하여 알리바이를 뒷받침하는 증거를 수집한다.

증거를 올바르게 수집하는 방법을 아는 것은 법정에서 이기는 것과 잃는 것과의 차이를 만든다. 자녀 양육권 사건과 관련된 PI의 사례를 예로 들어 보겠다. PI는 뒷좌석에 있는 아이와 함께 시골 길을 갈 때 그 사건에 연루된 아버지를 추적하였다. PI는 과속을 하는 아버지를 관찰하고 이를 아동 위험에 대한 증거로 지적했다. PI가 가정법원 판사보다 먼저 증언을 받기 위해 전화를 받았을 때, 아버지의 변호사는 PI의 주행거리계가 도시에서 보정되었는지 물었다. "아니요." PI가 대답했으며 그의 증거는 인정할 수 없다고 판결되었다. 보시다시피, 증거수집에 적절한 훈련을 받는 것이 필수적이다. 이것은 주로 교실에서 수행한다. PI증거 수집교육에서 다루는 중요한 주제는 다음과 같다.

- **증언과 소문을 피하는 간증**
- **서명된 진술 및 공증 된 진술을 증거로 사용**
- **물리적 증거와 법의학 증거의 차이점**
- **타임 라인 구성**
- **부정적이고 보상의 증명**

교육은 또한 다른 법원 시스템에 어떤 유형의 증거가 인정 될 수 있는지를 다루고 있다.

- **형사사건에 대한 증거**

- 민사사건에 대한 증거
- 가정법원에 대한 증거
- 연방사건에 대한 증거
- 소액클레임 사례에 대한 증거

(8) 학위프로그램

대부분의 주에서는 PI 회사를 시작하기 위해 충족해야 하는 공식적인 요구사항이 있다. 이러한 요구사항은 관련 분야에서 경력 또는 학사학위를 취득함으로써 충족 될 수 있다. 이러한 유형의 학업자격은 중요한 분야에서 지식과 이해를 개발하는데 도움이 된다. 관련 학위는 당신의 고객에게 전문성을 가지고 있음을 뒷받침 할 수 있는 실증적인 기술을 가지고 있음을 입증하는 증거이다.

탐정을 위한 관련 경력 및 학사학위 프로그램은 다음과 같다.

- 경찰과학
- 형사사법
- 정치과학
- 법집행
- 법의학
- 법
- 법률 보조원 과학

이 분야의 일반적인 길은 학부과정의 학업증명서 또는 졸업장을 취득 하는 것이다. 사립탐정졸업장이나 자격증 프로그램은 사적인 조사의 기술적 측면을 배우려는 사람들에게 이상적이다.

이 프로그램은 다음과 같은 특정 교육과정을 제공한다.

- **배경조사 및 조사**
- **추적을 건너뛰고 실종자를 찾는 것**
- **감시**
- **법적조사**
- **비즈니스 범죄수사**

(9) 경력전문화

탐정조사 분야는 보험사기, 수사 및 컴퓨터 법의학에서 결혼 및 기업 사기에 이르기까지 모든 분야에서 경력을 쌓기 위해 광범위한 조사가 이루어지기 때문에 많은 PI는 특정 조사 영역에 대한 통찰력을 얻기 위해 추가교육을 받는다.

예를 들어 PI는 다음과 관련된 강좌를 선택할 수 있다.

- **방화조사**
- **사이버범죄/컴퓨터 법의학**
- **법적조사**

- **재무조사**
- **보험조사**
- **민간/국내조사**
- **소매조사(손실예방)**

이러한 종류의 틈새 코스를 제공하는 많은 PI 학교와 회원들을 위한 교육과정을 제공하는 많은 주 및 전국협회가 있다.

(10) 면허 및 총기자격에 대한 지속적인 교육

많은 주에서는 연례 또는 반기별로 PI 면허를 갱신해야 한다. 면허 갱신을 위한 조건으로 PI의 실무와 관련된 분야에서 일정 수의 교육을 계속 완료해야 할 수도 있다. 면허 유지요건을 준수하는 것 외에도, 평생교육은 탐정이 주법 및 규정에 대해 최신 정보를 얻고 최신 기술과 이론을 배우는 훌륭한 방법이다. 여기에는 다음 분야의 교육이 포함될 수 있다.

- **윤리학**
- **최신법률**
- **법적절차**
- **법원에티켓**
- **조사프로세스**
- **감시, 비 치명적 무기 및 PI기술 교육과 관련된 교육**

총기를 휴대 할 수 있는 PI를 인증 한 주에서는 총기 인증을 갱신하기 위해 계속 훈련을 받았다는 증거를 제시해야 한다. 이것은 일반적으로 총기 재교육과정의 형태이다. 모든 주에서는 자체 교육 요구사항을 지정할 수 있으므로 해당 지역의 관할구역에 확인하여야 한다.

2) 교육

(1) 사립탐정학교 및 교육옵션

노련한 PI성공은 a) 귀하가 사용 할 수 있는 도구와 자원을 이해하고 사용하는 능력, b) 법의 범위와 직업윤리 규정, c) 현대 조사기법을 사용한다.

대부분의 PI의 경우 이는 공식적인 교육 및 교육과정을 마치는 것을 의미한다. 사립탐정프로그램이나 형사사법부의 학위프로그램은 고객의 간통이나 간통조사에서 일상적인 감시를 수행하든, 고급을 요구하는 사기수사에 종사하든 경력을 통해 얻을 수 있는 지식의 기초를 제공한다.

교육은 컴퓨터 법의학. 감시기초를 마스터하는 것과 경험이 부족한 상태를 유지하는 방법에 있어 최고의 방법이다. 그러나 경험만으로는 주 및 연방법률를 잘 이해하고 있다는 증거는 없다. 교육은 법원 및 증거 수집방법을 제공하여 고객이 정확하고 시기적절한 정보를 얻도록 보장한다. 민간조사의 인증프로그램은 당신이 필요로 하는 공식적 법률 및 방법론적 교육의 종류를 제공한다. 사립대학 및 직업학교, 전담 PI아카데미, 지역사회 및 주립대학에서 제공되는 온라인 및 캠퍼스 기반 프로그램을 통해 PI인증서를 사용할 수 있으므로 해당 교육은 당신이 생각하는 것보다 더 쉽게 이용할 수 있다.

참고 : 플로리다 및 조지아와 같은 일부 주에서는 학생들이 승인된 코스(또는 코스세트)를 작성하여 PI로 허가받을 것을 요구한다. 이 요구사항이 적용되는 주에 거주하는 경우 면허요구사항을 충족시킬 수 있도록 주 승인 과정을 완료해야 한다. 이 과정은 일반적으로 커뮤니티 칼리지를 통해 제공된다.

(2) 사립대학, 경력학교 및 전담 PI 아카데미

어떤 학교는 컴퓨터나 인터넷에 접속할 수 있는 사람이 누구나 등록 할 수 있도록 허용하는 공개 입학정책이 있지만 신청자는 최소한 18명이 되어야 한다. 사립대학 및 직업학교는 사설탐정 인증 프로그램의 최대 공급자이다. 이러한 프로그램의 대부분은 부분적으로 또는 완전히 온라인으로 제공되므로 자신의 속도와 자신의 시간일정에 따라 완료 할 수 있다.

(3) 교수

온라인 프로그램이든 캠퍼스 프로그램이든 관계없이 우수한 프로그램은 강사의 경력수준이다. 강사가 현장에서 충분한 시간을 갖고 주에서 면허를 취득한 PI가 되도록 해야 한다. 본격적인 준비를 시작하기 전에도 강사를 통해 쉽게 준비할 수 있다. 시간을 내어 교수의 경력을 확인하는 것이 중요하다. 이것은 당신의 경력 및 교육에 큰 도움이 될 수 있다.

(4) 비용 및 기간

대부분의 사립학교 프로그램은 600-800 달러 사이에서 운영되며 대부분은 월간지불계획과 재정옵션을 제공한다. 대부분의 프로그램은 3 ~ 4개월 정도로 완료 할 수 있지만, 자기주도 온라인 프로그램을 사용하면 요구사항을 완료하는데 필요한 시간은 더욱 길어질 수 있다. 그러나 기본적인 개념을 숙지하고 지식을 유지할 수 있다. 이 프로그램 중 하나를 신청하면 학습안내서와 전자서적과 함께 온라인 강좌를 이용할 수 있다. 이 안내서는 다음 영역으로 진행하기 전에 주어진 영역에서 자신의 실력을 평가하는 데 사용되는 시험을 합격하는 데 도움이 된다.

(5) 조사대상

현대 조사의 대부분은 키보드 뒤에서 이루어지며, 소셜미디어를 수색하고 공공기록을 조사한다. 얼마나 많은 사람들이 자발적으로 자신에 대해 내놓았는지, 그리고 부주의한 사람들이 개인정보를 가지고 있는 것과 마찬가지로 놀랍다. 이것은 컴퓨터가 모든 PI의 주요 조사도구가 되는데 기여하여 온라인 조사의 기초부터 정보보안, 컴퓨터 법의학에 이르기까지 모든 것을 다룰 수 있다.

법원에서 허용하는 증거, 법적절차 및 PI가 민사소송 또는 형사사건에 관련된 일방의 대표자로서 수행하는 고유한 역할을 수집하는 방법을 배우게 된다. 또한 사생활보호법, 공공장소에서 허용되는 감시수준, 공공장소 또는 공개 온라인 도메인을 구성하는 모든 것을 포함하여 사적인 조사를 수행하는 데 적용되는 법률을 배우게 된다. 민간 보안 집행보호 서비스와 관련된 법률은 강제법의 사용에서 민간인이 특정 법률을 시행하고 그러한 법령을 위반하는 사람을 체포하고 구금할 권리에 이르기까지 모든 것을 포괄한다.

(6) 전용 PI 아카데미 선택

우수한 사설탐정 학교는 사립대학 및 직업학교에서 제공하는 것과 동일한 종류의 포괄적인 교육을 제공하지만 학생들이 졸업 할 때 현장준비가 되어 있는지 확인하기 위해 한

걸음 더 나아 간다. 필수 교과과정 외에도 PI로 사용할 실습, 절차 및 기술을 익히도록 고안된 현장과제를 완성 할 수 있다. 또한 프로그램 전체에서 전문 멘토링 및 강사의 지도 및 지원을 받을 수 있다.

(7) 지역사회 및 주립대학

커뮤니티칼리지를 통해 제공되는 프로그램은 보통 30시간 동안 1,000- 1,500달러의 비용이 들며 인증을 받는다. 어느 시점에서 교육을 계속하기를 원한다면 형사사법 분야의 학위 또는 유사한 분야의 자격증 프로그램에 수료한 학점을 신청할 수 있다. 이 프로그램에서 다루는 과정은 일반적으로 학교를 통해 제공되는 것을 반영한다. 일부 커뮤니티칼리지는 한 학기 만에 완료 할 수 있는 2-3 개의 과목으로 구성된 보다 약식 프로그램을 제공한다. 이 프로그램의 비용은 일반적으로 과목당 200 ~ 300 달러 정도 이다. 이것은 가장 비용이 적게 드는 방법이며, 좀 더 깊이 있는 프로그램을 통해 배울 내용의 일부만을 배우기를 원할지라도, 끝내는 데는 최소한의 시간이 소요된다.

이러한 축약된 프로그램은 법적, 윤리적 및 공공정책 고려사항을 다루는 사적인 조사분야에 대한 광범위한 개요를 제공한다. 사설조사, 현장의 역사와 진화, 그리고 직업에 사용된 최신 조사기술의 관리에 대한 자료를 얻을 수 있다.

법원 시스템의 과정은 종종 이러한 프로그램을 완성하여 학생들에게 법적절차, 민사 및 형사사건 수사관행 및 법원시스템의 차이점에 대한 포괄적인 개요를 제공한다.

일부 4년제 주립대학은 경찰조사관, 보상조정자, 손실방지대행사 및 공식교육을 요청하는 면허 PI와 같이 관련 업계에서 일하는 전문가를 대상으로 하고 있지만 개인조사에서는 인증 프로그램을 제공한다. 입학요건은 다양 할 수 있으며, 많은 사람들이 최소한 2년 이상의 전문적인 경험이 필요하다. 이 인증프로그램의 비용은 커뮤니티 컬리지 인증 프로그램보다 상당히 높을 수 있으며 2,000 ~ 3,000 달러 사이에서 운영된다. 교육기관에 따라 지역사회 또는 주립대학 (주말 또는 주중에 제공되는 강좌가 많음), 온라인 또는 이 두 가지 조합을 통해 사립탐정 인정프로그램을 완료 할 수 있다.

(8) 학사학위 및 형사사법

형사사법 또는 관련 분야에서 경력 또는 학사학위는 범죄에 영향을 미치는 정치적, 사회적 및 문화적 요인에 대한 포괄적인 교육을 제공한다. 형사사법 학위는 손실 예방전문가, 경찰관, 경비원 및 PI과 같은 형사사법에 대한 토대를 제공한다. 민간인이 아닌 위임된 사법당국자들에게 공통적인 학위취득은 도움이 된다.

형사사법 프로그램에서 조사 및 조사기법을 전문으로 하는 코스는 찾을 수 없다. 대신 당신의 학습과정은 형사사법제도, 형법 및 사법행정에 초점을 맞출 것이다. 교과목은 윤리 및 리더십에서 범죄정책, 범예방 및 의사결정에 이르는 모든 것을 다룬다. 준학사학위는 일반적으로 2년의 학업과 60학점으로 구성되며, 학사학위는 약 4년의 학업과 120학점으로 구성된다. 학사학위는 학생들이 정책분석, 경영전략 및 형법과 같은 주제를 더 깊이 탐구 할 수 있도록 하지만, 두 가지 모두는 인문과학의 과학적 배경을 학생들에게 제공한다. 그들은 또한 종종 학생들에게 경영학, 경영, 컴퓨터 법의학, 법 집행, 국토안보 또는 범죄심리학과 같은 특정분야의 교육에 집중할 수 있는 기회를 제공한다. 금융사기 또는 보험조사에서 경력을 쌓는 데 관심이 있는 학생은 종종 비즈니스, 경제 및 금융 분야의 수업을 수강하고 컴퓨터 법의학에 관심이 있는 학생들은 회계, 비즈니스 및 컴퓨터과학 수업을 수강하면 도움이 된다.

(9) 사립탐정에 대한 평생교육

사립아카데미는 이력서와 스킬에 추가하고자 하는 숙련된 PI를 위해 적절한 기술교육을 제공한다. 이 아카데미는 개인 보호전문가에서 법집행관에 이르기까지 보안 및 보호분야에서 일하는 다양한 전문가를 교육한다.

코스는 기본 및 고급 총기훈련에서 모든 것을 포함 할 수 있다. 이러한 성격의 프로그램은 숨겨진 휴대 허가를 위해 교육이 필요한 주 법률을 준수하도록 설계되었다. 이러한 프로그램에는 위기관리 및 분쟁 해결 훈련에서부터 인질 협상에 이르기까지 모든 것이 포함될 수 있다. 이 프로그램의 코스는 전문개발/지속적인 교육 또는 개인 개발을 위해 사용될 수 있다.

참고문헌

https://www.pinkerton.com/our-services/Investigative-Interviewing-and-Interrogation

https://privateinvestigatoredu.org/what-is-a-private-investigator/2018.4.19.최종검색

https://www.bls.gov/ooh/protective-service/private-detectives-and-investigators.htm 2018년 4월 13일 검색.

http://www.tali.org/how-to-join-tali(2018년 2018년 4월 23일 검색)

marrian webster.

cambridge dictionary.

앨리슨 페티 (Alison Petty), "탐정을 위한 3가지 윤리적 문제와 이를 처리하는 방법", ret. http://www.pinow.com/articles/376/top-3-ethical-issues-for-pis-and-how-to-handle-them

https://privateinvestigatoredu.org/what-is-a-private-investigator/2018.4.19.최종검색

IbISWorld.Industry Research / Specialized Reports / Consumer Goods &Services in the US / Private Detective Services in the US(2018.4.19.검색)

https://www.pinow.com/articles/456/what-a-private-investigator-cannot-do 2018/6/2최종검색
LA중앙일보, 2014/08/23 미주판 9면 기사입력 2014/08/22
뉴욕 중앙일보, 2010/07/23 미주판 4면 기사입력 2010/07/22

부록 : 윤리강령

텍사스 공인탐정협회의 모든 구성원은 다음의 윤리강령을 지켜야 한다.

- 조사관 및 TALI 회원으로서 전문적이며 성실하고 정직함을 입증해야 한다.
- 수행 할 작업, 청구 할 요금 및 제공될 보고서에 대한 전체설명을 각 고객에게 제공한다.
- 고객이 별도로 지시하지 않는 한 또는 특정명령이나 법적권한이 없는 경우를 제외하고 조사에서 받은 모든 정보를 기밀로 유지한다.
- 법적, 도덕적 및 직업윤리 범위 내에서 조사의 모든 측면을 수행한다.
- 불법적이거나 비윤리적인 행위에 대해 고객에게 알리고 법률에 따라 법집행기관 또는 기타 정부기관에 협조한다.
- 전문가로서의 개선을 위해 끊임없이 노력하고, 다른 사람들의 권리를 존중하며, 다른 사람들의 권리를 존중한다.
- 회원으로 남아있는 한 TALI, 그 목적, 목적 및 정책을 충실하게 따른다.

http://www.tali.org/how-to-join-tali(2018년 2018년 4월 23일 검색)

Ethics of Being a Private Investigator

<탐정의 윤리적 행동>

윤리는 도덕원칙의 체계이다. 다른 사람들은 윤리적인 행동이 "항상 올바른 일을 하는 것"이라고 말한다. 불행히도, 한 사람의 도덕적 원칙 또는 "올바른 것"은 같은 상황에 있는 다른 사람에게는 동일하지 않다. 사설탐정도 마찬가지이다. 각각은 서로 다른 윤리적 행동을 정의한다. 사적인 조사관으로서 윤리적인 행동을 정의하는 것이 까다로울 수 있다고 주장하는 사람들도 있다. 그러나 의외로 간단하다.
윤리적 행동을 정의하는 기준은 법을 따르기 시작하는 것이다. "탐정은 연방법과 주법을 깨뜨리지 않도록 이를 이해하는 것이 중요하다." 법을 따르는 것은 좋은 출발이다. 윤리적인 행동을 정의하는 도덕적인 원칙을 확인하는 것이 윤리적인 사립탐정이 되는 데 중요하다.

1. 정직

정직은 솔직하게 모든 사업거래 및 행동에 정직성을 지니고 있어야 한다. 부적절한 단축키를 사용하거나 사실을 잘

못 설명하는 것은 결코 정직하고 윤리적인 행동으로 간주되지 않는다.

2. 진실성

당신이 그것을 말하고, 그것을 쓰거나, 그렇지 않으면, 그것을 발언한다면, 진실해야 한다. 즉 그것은 사실이어야 한다. 사실은 입증된 것이다.

정직성과 진실성은 상호의존적이지만 서로 다르다. 부정한조사의 대상인 남편을 술집에서 관찰하는 동시에 사적인 여자친구를 관찰하는 사립탐정을 생각해 보라. 그들은 함께 앉아 있지도 않으며 서로에게 말을 하지도 않습니다. 조사관은 보고서에서 "조사관은 남편과 의심되는 여자친구를 모두 목격했다." 진술은 사실이지만 정직하지는 않다. 정직한 진술은 "남편과 의심되는 여자 친구가 모두 관찰되었다. 어느 쪽도 다른 쪽과 접촉하여 관찰되지 않았다. "라고 진술해야 한다.

3. 청렴

청렴은 일관되게 강력한 도덕적 원칙을 나타낸다. 정직과 진실성은 성실성의 일부이다. 무결성이란 더 많은 것을 의미한다. 간단하게 말하면, 정직성을 유지하는 것은 정직하고 진실하며 항상 아무도 다른 것을 알지 못할 때라도 항상 일관되게 올바른 일을 한다. 예를 들어; 사건에 대한 연구에 30분이 걸렸다. 그러나 청구가능 한 시간을 기록 할 때 1시간 동안 요금을 청구한다. 아무도 당신을 대면 할 수 없거나 귀하의 주장을 반증 할 수 있는 기회이다. 정직성을 확보하면 30분으로 보고된다.

당신이 하는 모든 일에서 윤리적인 것은 정말로 간단하다. 왜 그렇게 많은 비윤리적 행동에 빠지게 되는 가? 피해야 할 몇 가지 함정이 있다.

- **"다른 모든 사람들은 그것을 합니다!"**- 이것은 완전히 정확한 진술은 아니다. 어쩌면 당신은 윤리적 기준을 위반하는 소수를 알 것이다. 이것은 변명의 여지가 없다.
- **"나는 선택의 여지가 없었습니다!"**- 당신은 항상 윤리적인 선택을 했고, 어떤 것을 성취 할 윤리적 방법이 없다면 하지 말라.
- **"나는 법에 위배된다는 것을 몰랐습니다!"**- 당신은 전문사설탐정이다. 당신은 법률을 알아야 한다.
- **"그것은 내가 항상 해 왔던 방식입니다!"**- 과거에 비윤리적이었고 붙잡히지 않았기 때문에, 당신이 그것을 하는데 5분의 1이나 100분의 1의 시간이 윤리적인 것이 아니다.

고민하고 있는 행동이 윤리적인지를 결정하는 간단한 방법은 "Reality Show Test"를 적용하는 것이다. 당신이 리얼리티 쇼의 스타이고 당신이하는 모든 일이 기록되어 모든 사람들이 볼 수 있도록 방송된다. "모두가 나를 볼 수 있다면 다르게 할 것인가?"에 대답 하시오. 대답이 "아니오"이면 계속하시오. 대답이 "예, 다르게 할 것"이라면 다음 단계를 재고하시오. 아직도 확실하지 않은가요? 그런 다음 다른 대안을 고려하거나 윤리적인 것으로 알고 있는 동료와 상의하시오.

당신이 하는 모든 일에서 정직하고 진실하며 무결성을 갖는 것은 당신이 윤리적인 길을 택하고 있음을 확신시킨다. 윤리적인 사설탐정이 됨으로써 전문성이 향상되고 평판을 긍정적으로 만들고 고객에게 최상의 서비스를 제공 할 수 있다. 투자로서의 평판을 생각해 보아야 한다. 당신은 매일 그것을 지켜야하며 비윤리적 행위로 버릴 위험에 처하지 않아야 한다.

앨리슨 페티 (Alison Petty), "탐정을 위한 3가지 윤리적 문제와이를 처리하는 방법", ret. http://www.pinow.com/articles/376/top-3-ethical-issues-for-pis-and-how-to-handle-them

성공적인 탐정운영을 위한 노하우

다음은 성공적인 사업자로서 경력을 쌓은 PI가 강조하는 몇 가지 팁이다.

꾸준한 수입을 얻는 방법을 알아내어야 한다.

- 지방 법집행관과의 관계를 조기에 개발하라. 이것은 여러 가지 점에서 유용 할 수 있다.
- 초기에 현 법률사무소와의 관계를 발전시킨다. 그들은 새로운 비즈니스의 끊임없는 원천을 제공 할 수 있다.
- 가능한 한 빨리 반복고객을 확보하라. 이것은 광고와 같은 일을 해방시키는 데 도움이 된다.
- 예를 들어 불성실 또는 자녀양육과 같은 국내사례를 취하는 것을 부끄럽게 생각하지 말아야 한다. 이것은 당신의 초기사업의 대부분이 어디에서 유래할지 가능성이 높다.
- 더 흥분되는 일로 스스로를 지원하기 전에, 프로세스 서비스와 같은 일을 시작하고, 법적 조치를 추적하고 알리는 것이 필요할 수 있다.
- 형사방어가 제공된다면 이를 수행해야 한다. 끔찍한 범죄로 기소된 사람의 변호를 뒷받침하는 증거를 수집하

는 것이 피고인을 보호 할 수 있는 가능성에 대해 걱정하지 말라. 당신의 임무는 진실을 조사하고 밝히는 것이다. 당신이 일을 잘하면 법원은 죄책감을 판단하고 정의를 제공하는 일을 할 수 있다.

1. 고객유지

- 일관된 업무를 수행하라.
- 법률사무소에서 일하면서 가능한 한 많은 다른 사례를 처리 할 수 있는 PI기관이 필요하다. 이것은 전문분야를 다양화하고 인력을 확대하는 방안이다.
- 유혹을 당할지라도 고객의 기대치를 너무 높게 설정하지 말라. 그렇지 않으면 실망하게 된다.
- PI로서의 평판은 모든 것을 의미한다는 것을 기억해야 한다.

2. 전문직업의식

- 종종 판결을 내리는 데 필요한 사람은 판사 또는 배심원이다.
- 고객은 항상 전문적인 환경과 인물을 가진 PI기관을 선호한다.
- 전문적으로 행동하고 개인적으로 하지 않아야 한다.

- 당신의 사례 또는 고객에 대해 다른 사람들에게 이야기 하지 하지 말라.
- 하기 전에 모든 것을 연습하라. 이것은 잠재고객에게 자신을 소개하고, 차를 추적하거나 법정에서 증언하는 경우에 해당된다.
- 도시, 카운티 및 주 기록을 검색하는 방법을 알아야 한다.

3. 업무방식 습득

당신이 일하고 있는 법을 익혀야 한다.

- 공공사진 및 비디오그래픽 법
- 도청법
- 추적장치법
- 조사에 적용되는 법을 알아야 한다. 이것은 수집해야하는 증거의 수준과 품질을 알 수 있도록 도와준다. (https://privateinvestigatoredu.org/what-is-a-private-investigator/2018.4.19.최종검색)

4. 사립탐정이 갖추어야 할 기본능력

① 인터뷰 능력

② 감시기술(영상)

③ 정보수집(컴퓨터)

④ 보고서작성
⑤ 관련법령 이해
⑥ 직업윤리
⑦ 사진기술(촬영)
⑧ 추적기술(차량)

<저자 약력 및 논문>

이상원

현 용인대학교 경찰행정학과 교수
전 대구대학교 경찰행정학과 교수
전 관동대학교 경찰행정학과 교수
동국대학교 경찰행정학과 졸업, 행정학 석사
동국대학교 대학원 경찰행정학과 졸업, 법학박사
경찰간부 후보생 제 32기 졸업
전 한국 민간경비 학회장
전 한국 경찰학회장
전 경찰위원 (경찰위원회)

경찰 예방 임무용 Anti Drone 활용 방안에 관한 연구, 2018
경찰 임무용 안티드론 실증연구, 2018
경찰대학 발전방안에 관한 연구, 2016
드론테러에 대비한 국가중요시설 민간경비 개선 방안에 관한 연구, 2015
특수경비원 교육훈련 개선방안에 관한 연구, 2015
경찰의 거리 노숙인 통합 지원 체계 구축 방안에 관한 연구, 2015
민간조사 제도 도입 필요성에 대한 연구, 2014 외 120여편

이승철

대구대학교 행정학과 졸업

대구대학교 대학원 행정학과 졸업(행정학박사)

동국대학교 대학원 경찰행정학과 졸업(경찰학박사)

전 백석대학교 법정학부 경찰학 전공교수

전 충남도립대학교 경찰행정학과 교수

현 대구대학교 행정학과 교수

한국사회와 범죄(공저), 청목출판사, 2008.

온라인 민간경비 교육훈련의 현황 및 개선방안, 2017(한국민간경비학회)

한국적 탐정제도의 구상, 2016

민간조사제도 도입 시 기대되는 사회적 효과에 대한 시민인식 연구, 2014(한국경찰 학회)

민간조사제도 법제화 필요성과 바람직한 도입방안, 2013(경찰청 보고서) 외 40편 이상